MICHAEL GERWIEN

Wer mordet schon am Chiemsee?

GEFÄHRLICHES BAYERN Ob im Strandbad am Chiemsee, in einer Hütte in den Bergen oder auf dem Traunsteiner Weihnachtsmarkt, ob Mord, Betrug oder Diebstahl: Die lippenstiftsüchtige Informatikerin Babs Bauer legt den kleinen und großen Gaunern gekonnt das Handwerk. Da sie selbst keine Polizistin ist, sondern lediglich fanatische Krimileserin mit Ambitionen in Richtung Hobbydetektivin, tut sie das meistens als freie Assistentin ihres Bruders Sepp, Hauptkommissar bei der Kripo Traunstein. Das dynamische Duo ermittelt mit Herz, Humor und Köpfchen in einer der schönsten Urlaubsregionen Bayerns, dem Chiemgau.

Doch nicht nur spannende Kriminalgeschichten gibt es hier zu lesen. Die Freizeittipps am Ende des Buches weisen darüber hinaus auf lohnende Sehenswürdigkeiten, Touren und Restaurants der Region hin. Babs Bauer und ihr Bruder waren natürlich längst dort.

Michael Gerwien, geboren 1957 in Biberach an der Riß, aufgewachsen in Mittenwald bei Garmisch Partenkirchen, lebt seit 1972 in München, im Stadtteil Untergiesing-Harlaching. Er hat Germanistik studiert, war lange Jahre beim Fernsehen und ist jetzt Autor und Musiker. Seine Lesungen begleitet er selbst mit Musik. Seine liebsten Hobbys sind Schwimmen, Radfahren, Skifahren, Bergwandern, Kochen, Essen und bayerische Biergärten.

Bisherige Veröffentlichungen im Gmeiner-Verlag:
Alpentod (2014)
Mordswiesn (2013)
Raintaler ermittelt (2013)
Isarhaie (2013)
Isarblues (2012)
Isarbrodeln (2012)
Alpengrollen (2011)

MICHAEL GERWIEN

Wer mordet schon am Chiemsee?

12 kurze Krimis und 225 Freizeittipps

Original

GMEINER

Besuchen Sie uns im Internet:
www.gmeiner-verlag.de

Im Ehnried 5, 88605 Meßkirch
Telefon 0 75 75/20 95-0
info@gmeiner-verlag.de

1 Auflage 2014

Lektorat: Claudia Senghaas, Kirchardt
Umschlagbild: © Ulrich Müller – Fotolia.com und
© by-studio – Fotolia.com
Druck: GGP Media GmbH, Pößneck
Printed in Germany
ISBN 978-3-8392-1505-0

Personen und Handlung sind frei erfunden.
Ähnlichkeiten mit lebenden oder toten Personen sind rein zufällig und nicht beabsichtigt.

IM STRANDBAD

»Anscheinend habe ich wieder mal viel zu viel eingepackt.« Die mittelgroße, schmale Barbara Bauer blickte kopfschüttelnd auf den riesigen schwarzen Hartschalenkoffer zu ihren Füßen, den sie gerade ächzend und stöhnend vom Rücksitz ihres frisch aufgemotzten pinkfarbenen VW-Golf auf den Gehsteig gewuchtet hatte. »Egal, auf jeden Fall muss er ins Haus«, murmelte sie entschlossen.

»Wo bleibst du denn? Das Essen wird kalt.« Ihre Mutter Eva stand ungeduldig winkend in der Haustür. Die mollige Siebzigjährige trug wie immer ihren grau und weiß gestreiften Hauskittel, der ihr bis über die Knie reichte. Trotz des heißen Sommertages hatte sie ein weißes Kopftuch über den grauen Haaren. Sie war seit ein paar Jahren sehr empfindlich was Zugluft betraf. Ihre Füße steckten in vorne offenen, hellbraunen Pantoffeln mit kleinem Absatz.

»Gleich, Mama. Du siehst doch, dass ich schwer zu schleppen habe.« Das geht ja schon wieder gut los, dachte Barbara, die von allen nur Babs genannt wurde. Hoffentlich beruhigt sie sich bald wieder. Eigentlich wollte ich mich hier erholen.

Stress hatte sie in München gerade mehr als genug. Da musste sie nur an diesen dämlichen unfreundlichen Yuppie denken, der seit acht Wochen seine Bude gleich unter ihrer renovierte. Bis spät in die Nacht hinein. Er arbeite beim Fernsehen und habe erst spätabends

Zeit, etwas an der Wohnung zu machen, hatte er zu ihr gesagt, als es ihr letzten Sonntag zu blöd geworden war und sie bei ihm geklingelt hatte. Außerdem habe er das Recht, Umbaumaßnahmen durchzuführen, wann und wie er wolle. Der Hausbesitzer habe ihm das ausdrücklich erlaubt. Eingebildeter Volldepp. Seine Wände mussten längst wie Emmentaler ausschauen, soviel wie er herumbohrte und hämmerte.

Sie wohnte seit ihrem Informatikstudium abwechselnd in München und am Chiemsee. Beides hatte Vor- und Nachteile. In der Stadt war mehr los. In ihrem großzügigen Elternhaus am Ortsrand von Übersee war dafür mehr Platz. Und hinter dem Haus der weitläufige Garten und die felsgekrönten Berge, sowie vorne der Blick auf den blau und grün schimmernden Chiemsee, das war schon einfach traumhaft.

Hier draußen konnte sie in aller Ruhe ihren liebsten Hobbys frönen: Im nahegelegenen Strandbad [1] schwimmen, durch die schattigen Auen und die faszinierende Bergwelt rundherum wandern, radeln, joggen, im Winter Skifahren und Langlaufen und vor allem Krimis lesen. Ob alt oder neu, ob regional oder überregional, ob furchteinflößend oder lustig, sie verschlang sie in rauen Mengen. Zu ihrem Glück ließ ihr Job als Programmiererin diese privilegierte Lebensweise mit zwei Wohnsitzen ohne Weiteres zu, da sie projektweise arbeitete und somit, sowohl zeitlich als auch örtlich, weitgehend unabhängig war.

»Soll ich dir helfen, Babs?«, erkundigte sich ihre Mutter halbherzig.

»Nein, lass nur, Mama. Das Ding ist viel zu schwer für dich.« Babs wusste genau, dass die Frage rein rhetorischer Natur gewesen war. Sie stellte den Koffer auf die Rollen und zog ihn, an den üppigen farbenfrohen Blumenbeeten seitlich des Weges vorbei, hinter sich her. Zu blöd, dass es von der Straße zum Haus hinüber auch noch leicht bergauf ging. Sie ächzte und stöhnte vor Anstrengung. Da half die ganze Kondition nichts, die sie sich seit Jahren im Fitnessstudio und beim Joggen an der Isar draufschaffte.

»Was musst du auch immer so viel Zeug mitschleppen.«

»Schon recht, Mama. Geh ruhig wieder rein. Ich komme gleich zum Essen ins Wohnzimmer.« Babs verdrehte ihre dunkelgrünen, temperamentvoll blitzenden Augen. Wieso konnten Mütter eigentlich, selbst wenn man bereits honorige 38 war, nicht mit ihrer Klugscheißerei aufhören? Weil man für sie ein Leben lang ein unmündiges Kind blieb? Es sah ganz danach aus.

»Stell den Koffer im Flur ab. Der Sepp soll ihn dir nachher in dein Zimmer hochtragen.«

»Ja, ja.«

Sepp war Babs' zwei Jahre jüngerer Bruder. Schwarzes kurzgeschorenes Haar, dazu stahlblaue Augen und ein durchtrainierter Körper, um den er von Freunden, Bekannten und Fremden gleichermaßen beneidet wurde. Richtig hieß er Engelbert, nach seinem Großvater mütterlicherseits. Den Namen hatte er aber bereits als Kind wie die Pest gehasst und sich deshalb gleich in der ersten Klasse jedem, inklusive dem Lehrer, als Sepp vorgestellt. Nach seinem Großvater väterlicherseits. Seitdem wurde er von aller Welt auch so genannt. Nach einiger Zeit sogar von seiner Mutter, die ihn, sehr zu seinem Verdruss, anfangs immer noch stur bei seinem Taufnamen gerufen hatte. Skifahren, Segeln, Surfen, Rennradfahren, Tennis, Bergwandern, Canyoning, Eisklettern, Karate. Es gab wohl keine Sportart, in der er nicht zu Hause war. Das Geld für seine teilweise nicht gerade billigen Hobbys verdiente er als Hauptkommissar der Polizeiinspektion Traunstein, nicht weit von der Heilig Kreuz Kirche 2.

Nach dem Essen zog sich Babs auf ihrem Zimmer um. Natürlich hatte ihr Sepp vorher mit dem Koffer geholfen. Der begeisterte Junggeselle lebte zwar seit Jahren in seiner eigenen kleinen Zweizimmerwohnung in Traunstein, kam aber beinahe täglich zum Mittagessen zu den Eltern nach Hause. Bei der Mama schmeckte es halt immer noch am besten. Babs entschied sich für ein hellgraues T-Shirt zu ihren weißen Shorts, trug sorgfältig ihren knallroten Lieblingslippenstift auf, den sie täglich mindestens 20 Mal zur Hand nahm, steckte ihre langen brünetten Haare hoch, setzte ihr weißes Lieblingskäppi auf, packte ihren neuen schwarzen Bikini sowie den alten roten zum Wechseln ein, blickte kurz kritisch in den mannsgroßen Spiegel in der Tür ihres Kleiderschranks, befand für einigermaßen zufriedenstellend, was sie sah – es könnte natürlich immer alles noch besser sein –, stieg die Treppen hinunter, streifte im Flur ihre weißen Stoffturnschuhe über und eilte in die Garage gleich rechts neben der Haustür.

Dort schnappte sie sich ihr altes, aber voll funktionstüchtiges Mountainbike und fuhr geradewegs durch die rund herum üppig blühende Landschaft zum See hinunter. Die ganze Autofahrt über hatte sie sich bereits auf die ersten erfrischenden Schwimmzüge in den kühlen Fluten des *bayrischen Meeres* gefreut. Was bei den heutigen 30 Grad Lufttemperatur und dem strahlenden Sonnenschein auch weiter kein Wunder war.

Babs war nicht auf nette oder oberflächliche Weise hübsch. Mit ihren eigenwilligen Gesichtszügen war sie eher das, was man landläufig eine klassische Naturschönheit nannte. Jedoch ohne dabei streng zu wirken. Die hohen Wangenknochen, die gerade Nase und ihre lebhaften Augen hatten, genauso wie ihre schlanke wohlproportionierte Figur, nicht den geringsten Makel an sich. Einige ihrer Verehrer waren der Meinung, dass ihre äußere Perfektion fast schon langweilig war. Andere wiederum, die im Laufe der Jahre ihren wachen Verstand und ihr großes Herz kennengelernt hatten, fanden sie einfach nur hinreißend.

Sie stellte ihr Fahrrad vor dem Strandbad ab und ging auf das Kassenhäuschen zu. Dabei fiel ihr ein, wie oft sie als Kind und vor allem als Jugendliche hier gewesen war. Sie und ihre Clique hatten die beste Zeit ihres Lebens gehabt, damals als sie noch das Ludwig-Thoma-Gymnasium in Prien [3], dem größten Ort direkt am Chiemsee, besuchte. Nachdem sie Eintritt bezahlt hatte, suchte sie sich einen schattigen Platz nicht weit vom Wasser und legte sich erst einmal gemütlich auf ihr großes buntes Badetuch.

»Hey, Babs. Auch mal wieder da?« Ihre alte Schulkameradin Sonja Kühnhauser stand wie aus dem Nichts neben ihr. Wie immer im angesagtesten Bikinimodell und mit der trendigsten Frisur auf dem Kopf, die für Geld zu haben war. Sonja fuhr dafür extra nach München, hatte sie Babs einmal anvertraut. Jeden einzelnen Euro wäre es ihr wert. Ihre Haare glänzten als platinblonder Pagenschnitt im gleißenden Sonnenlicht. Der Bikini war schwarz, da sich Kontraste gegenseitig nun einmal am besten zur Geltung brachten.

Letztes Jahr waren ihre Haare doch noch kastanienbraun und lang gewesen. Oder rot? Auf jeden Fall dunkler. Babs konnte sich nicht genau daran erinnern. »Schaut so aus, Sonja.«

»Und wie läuft es so in der Hauptstadt?«

»Alles bestens. Das Auftragsbuch ist voll.«

»Und?«

»Und was?« Babs zog fragend die Brauen hoch.

»Na, was wohl. Hast du endlich einen Freund?« Sonja sah sie erwartungsvoll an.

»Sag ich dir nicht.« Babs machte ein geheimnisvolles Gesicht.

Jedes mal war es dasselbe, wenn ihr Sonja begegnete. Für die schon zu Schulzeiten auffällige Schönheit aus Trostberg gab es nur ein Thema, das sie wirklich interessierte: Männer. Dass sie dabei immer wieder schwere Enttäuschungen hinnehmen musste, schien ihr weiter nichts auszumachen. Halt, Moment. Es gab doch noch ein Thema neben den Männern, das Sonja brennend interessierte: Geld.

Babs fand beides sterbenslangweilig. Männer waren meistens sowieso Schufte und den Liebeskummer nicht wert, den man wegen ihnen hatte, siehe Sonja, und Geld brauchte man, soviel man eben brauchte. Dank ihres gutbezahlten Jobs und weil sie sparsam lebte, hatte sie ihre Finanzen fest im Griff. Gut, sie gab manchen sauer verdienten Euro für ihren Dirndltick aus, hatte eine ansehnliche Sammlung davon in ihrem aus allen Nähten platzenden Kleiderschrank in der Münchner Wohnung, und besondere Schuhe liebte sie auch, und ihren Lieblingslippenstift brauchte sie, Rouge Coco von Chanel. Bei den Farben wechselte sie je nach Jahreszeit. Im Frühling und Sommer bevorzugte sie das kräftige Cambon oder Paradis, im Herbst und Winter ging sie gerne zu dezenteren helleren Tönen über. Aber ansonsten war sie wirklich genügsam. Doch, doch. Auf jeden Fall.

»Ach, komm schon, Babs.« So schnell wollte Sonja offensichtlich nicht aufgeben.

»Nein. Männer sind kein Thema. Gehst du mit ins Wasser? Ich brauche dringend eine Abkühlung.«

»Gerne. Kann ich meine Zigaretten und meinen Geldbeutel solange in deiner Badetasche lassen.«

»Logisch.«

Nachdem sie erfrischt zurückgekehrt waren, hatte sich Sonja in die BeachBar verabschiedet. Babs versprach ihr, bald nachzukommen. Sie wollte erst noch ein wenig in der Sonne liegen und entspannen. Außerdem hatte sie einen brandneuen Krimi dabei, den sie sich heute Morgen noch in ihrer liebsten Buchhandlung in München geholt hatte. Sie konnte es kaum erwarten, in die Geschichte einzutauchen.

Der neue Krimi war super. Spannend und witzig zugleich. Babs musste sich mit aller Gewalt davon losreißen, wenn sie Sonja noch in der BeachBar antreffen wollte. Die hatte vorhin nämlich gemeint, dass sie am späten Nachmittag ins Burgcafé in Marquartstein nicht weit von der Burg Marquartstein [4] zum Kaffee eingeladen war. Von einem sehr netten jungen Mann mit sehr viel Geld, der dort oben irgendwo in einem 4-Sterne-Hotel wohnte, wie sie Babs unter dem Siegel der absoluten Verschwiegenheit anvertraut hatte. Warum nicht gleich 5-Sterne, wenn er so reich ist, hatte Babs erwidert und darauf nur ein schiefes Grinsen samt Achselzucken zur Antwort bekommen. Jetzt packte sie ihre Sachen in ihre Badetasche und machte sich auf den Weg.

Kurz darauf stapfte sie durch den weißen Sand der BeachBar. Rund um sie herum lagen und saßen die Badegäste in bequemen Liegestühlen und ließen es sich bei einem leckeren Drink gut gehen. In der Karibik sah das bestimmt nicht anders aus.

»Servus, Rudi«, begrüßte sie den Barkeeper mit den langen blonden Rastalocken, der gerade einer molligen älteren Dame im viel zu engen knallgelben Bikini zwei Caipirinhas über den mit Schilfmatten verkleideten Tresen reichte.

»Ja, die Babs. Auch mal wieder im Lande? Hamma denn scho wieder Sommer?« Rudi strahlte übers ganze sonnengebräunte Gesicht, während er sich ihr zuwandte.

Babs kannte ihn seit der Volksschule. Er hatte wie Sonja nie den Absprung aus der Gegend hier geschafft. Zu seinem Glück. Denn vor ein paar Jahren hatte er gemeinsam mit seinem alten Freund Bernie die Beach-Bar aufgezogen. Sehr erfolgreich. Sie musste ein Heidengeld abwerfen. Warum in die Ferne schweifen, wenn das Gute liegt so nah? Der sportliche durchtrainierte Enddreißiger war der beste Beweis für den Wahrheitsgehalt des beliebten Sinnspruchs nach Johann Wolfgang von Goethe. Ganz offensichtlich tat ihm das Leben hier draußen am Chiemsee gut. Er sah auch immer noch gut aus mit seinen blendend weißen Zähnen und seinem hautengen roten Muskel-T-Shirt. Genauso gut wie früher, als alle Mädels aus dem Landkreis auf ihn abgefahren waren. Babs inklusive.

»Schaut so aus«, erwiderte sie. »Hast du Sonja gesehen? Wir wollten uns hier treffen?«

»Sie war gerade noch da. Mit dem Gerhard. Vielleicht musste sie mal wohin?« Rudi deutete in Richtung der Toiletten. »Bestimmt kommt sie gleich wieder. Was darf ich dir solange zu trinken anbieten, verehrte Frau Bauer?«

Seine offen dreinblickenden tiefblauen Augen hatten schon zur Abizeit für weiche Knie bei ihr gesorgt. Und gerade erging es ihr nicht anders. Schon eigenartig, dass man manche Dinge einfach nicht ablegte. Selbst wider besseres Wissen. Sie hatte einmal etwas mit ihm gehabt. Damals in grauer Vorzeit. Im romantischen Angesicht des Schlosses Herrenchiemsee 5 hatte er ihr an einem lauen Sommerabend ewige Liebe geschworen. Daraufhin hatte sie mit ihm eine heiße Nacht verbracht. Am nächsten Morgen hatte er *etwas sehr Wichtiges* zu tun gehabt und sich danach nicht mehr bei ihr blicken lassen. Zuerst war sie enttäuscht und wütend gewesen, später hatte sie die Nacht unter der Rubrik Lehrgeld abgehakt. Aber so ganz war die Sache für sie wohl immer noch nicht gegessen.

»Ein Campari Soda wäre super.« Sie lächelte verlegen. Herrschaftszeiten, reiß dich doch zusammen, blöde Kuh?, dachte sie. Am Ende kriegst du noch einen roten Kopf wegen diesem aufgemotzten Hosentaschencasanova.

»Sehr gern.« Rudi machte sich mit schnellen professionellen Bewegungen ans Einschenken.

»Sie war mit Gerhard hier, sagst du? Aber die sind doch längst nicht mehr zusammen.« Babs kannte Gerhard Maier auch seit der Schulzeit. Er war eine Klasse über ihnen und schon damals immer hinter Sonja hergewesen. Vor ein paar Jahren hatte sie sich dann breitschlagen lassen und sein Werben erhört. Doch schon ein halbes Jahr später hatte sie die Beziehung wieder beendet. Sie käme mit seiner bedächtigen biederen Art einfach nicht zurecht, hatte sie Babs damals erklärt.

»Alles halb so wild, Babs. In der letzten Zeit haben sie sich wieder ganz gut verstanden.«

»Aha. Und wo ist er jetzt?«

»Er wollte heim. Ist kurz vor Sonja gegangen.«

Wo sie nur bleibt, ging es Babs zehn Minuten später durch den Kopf. »Ich schau mal nach ihr«, teilte sie Rudi mit. »Passt du solange auf meinen Campari auf?«

Er nickte nur kurz in ihre Richtung. Dann schenkte er weiter Bier für die fünf tätowierten Jugendlichen in den klatschnassen Bermudashorts gleich neben ihr ein. Ihren abfälligen Sprüchen und ihrem lauten Gelächter nach, schienen sie sich gerade bestens über jemanden zu amüsieren, der nicht anwesend war.

»Der Depp. Immer macht er so einen Scheiß. Der lernt's nie, der Vollpfosten«, vernahm Babs noch aus ihrer Richtung, während sie loseilte, um Sonja zu suchen. Wahrscheinlich hat sich einer von ihnen nicht getraut, ein Mädchen anzusprechen und jetzt verspotten sie ihn, dachte sie kopfschüttelnd. Immer dasselbe. Hinter dem Rücken über die anderen herziehen.

»Sonja? Bist du hier?« Sie schritt langsam die Türen in der Damentoilette ab. Die vorletzte war verschlossen. Babs klopfte an. »Sonja? Bist du da drin? Hörst du mich? Nichts. Sie klopfte noch einmal.

»Hier ist keine Sonja«, ertönte daraufhin eine kräftige Frauenstimme von innen. »Hier ist die Anneliese aus Köln. Und die würde jetzt wahnsinnig gerne weitermachen, Schätzchen. In aller Ruhe!«

»Oh, natürlich. Entschuldigung.« Babs errötete, machte auf dem Absatz kehrt und trat auf den Weg hinaus. »Wo kann sie bloß sein? Sie ist doch sonst immer so zuverlässig.«

Sie umrundete das Gebäude, durchsuchte auch die Gebüsche dahinter. Nichts. Beunruhigt ging sie immer weiter am Ufer entlang Richtung Nordwesten, rief immer wieder nach ihr und kam schließlich zu einer dichten Gebüschreihe weit ab vom Badetrubel. Dort stach ihr eine Sonnenbrille ins Auge. Sie lag direkt vor ihr auf dem Boden. Hatte die etwa jemand weggeworfen? Oder verloren? War das Sonjas? Vorhin hatte sie zumindest keine aufgehabt. Oder doch? Sie hob sie auf und steckte sie ein, würde das Ding nachher auf jeden Fall bei der Kasse abgeben. Wo war bloß Sonja?

Wenig später entdeckte sie zwei nackte zerkratzte Beine, versteckt unter den dornigen Ästen einer weitausladenden Heckenrose. Sie schrie erschrocken auf, schlug entsetzt die Hand vor den Mund, stand eine Weile lang wie betäubt da. Mein Gott, das war sie doch. Das war eindeutig Sonja. Wer sonst sollte die kleine Tätowierung von Donald Trumps Kopf über dem rechten Knöchel haben? Um Himmels Willen. Babs nahm sich ein Herz, schob die Dornen beiseite, kniete sich neben Sonjas bewegungslosen Körper und fühlte nach ihrem Puls. Nichts. So wie es aussah, lebte sie nicht mehr. Das durfte doch alles gar nicht wahr sein. Gerade vorhin hatte sie doch noch mit ihr gesprochen. Sie holte eilig ihr Handy aus ihrer Badetasche und wählte mit zitternden Fingern die Nummer ihres Bruders. Das hier war Sache der Kripo. Eindeutig.

»Sepp? Bist du's?«, flüsterte sie hektisch. Niemand außer ihm durfte vorerst erfahren, was hier geschehen war. Der ansonsten entstehende Menschenauflauf würde nur sämtliche Spuren verwischen. Das wusste sie aus ihren Krimis. Außerdem mussten die Kinder hier im Strandbad nun wirklich keine Leiche sehen.

»Ja, Babs. Was gibt's?«

»Ihr müsst sofort ins Strandbad nach Übersee kommen.« Ihre Stimme wackelte. Der Schock steckte ihr in allen Gliedern.

»Aber ich muss arbeiten.«

»Deswegen sollst du ja auch herkommen.«

»Wie …?«

»Hier liegt eine Leiche. Ein paar hundert Meter in nordwestlicher Richtung von der BeachBar entfernt.«

»Was? Geh, du verarschst mich doch.«

»Nein, Sepp. Es ist mein voller Ernst. Sonja Kühnhauser wurde umgebracht. Es sieht zumindest ganz danach aus.«

»Was? Sonja? Ehrlich?«

»Ich schwöre es dir. Kein Schmarrn. Bringt zur Sicherheit einen Notarzt mit.«

»Sowieso. Wir sind sofort da. Und du meinst, sie ist wirklich …?«

»Ja, meine ich.«

»Gut, bis gleich.«

Sie legte auf und wandte sich erneut ihrer am Boden liegenden Freundin zu. Jetzt bemerkte sie, dass Sonjas Gesicht merkwürdig verzerrt war. Ihre Augen standen weit offen. Kein Zweifel mehr, dass sie wirklich tot war. Ihre rechte Schläfe war blutverschmiert. Ihre neue Bikinihose lag neben ihr. Das Oberteil hatte ihr jemand um den Hals gewickelt.

Sieht so aus, als wäre sie damit erwürgt worden, ging es Babs durch den Kopf. Und vorher wurde sie niedergeschlagen und vergewaltigt. Welches kranke Schwein tat denn so etwas? War der Täter noch in der Nähe? Hoffentlich nicht. Sie blickte sich ängstlich um. Nichts. Gott sei Dank. Na warte. Egal wer es war, sie würde es herausfinden. Tränen stiegen ihr in die Augen. Sie weinte. Ausgerechnet Sonja. Auch wenn ihre Freundschaft nicht die allertiefste gewesen war, hatte sie in ihr doch eine ihrer letzten alten Bekannten hier draußen am Chiemsee gehabt. Was hatten sie früher nicht alles gemeinsam erlebt. Sie erinnerte sich an eine Bergtour mit Sonja auf den Watzmann [6]. Nicht einfach dort hinauf, aber wunderschön. Sie hatten auf der Watzmannhütte übernachtet, dann waren sie am nächsten Morgen auf die 2.712 Meter hohe Schönfeldspitze gestiegen. Über den Schönfeldgraben und die Wimbachklamm [7] waren sie anschließend ins Tal zurückgekehrt. Sonja hatte sich dabei ausnahmsweise einmal keine Sorgen um ihre langen teuer lackierten Fingernägel oder ihre Frisur gemacht. Sie war tapfer mitgegangen. Ohne jegliches Gemecker oder Gezicke.

Nachdem Babs eine halbe Stunde lang bei Sonjas Leiche gewartet hatte, traf Sepp endlich mit seinen Leuten ein.

»Da hinten ist es.« Sie zeigte auf das Gebüsch, in das der leblose Körper hineingezerrt worden war. »Keine Ahnung, was passiert ist. Sie war vorhin noch bester Dinge. Wollte mit einem reichen Kerl Kaffee trinken gehen. Schrecklich.« Sie weinte erneut.

»Alles klar, Babs«, erwiderte ihr Bruder. Er wischte sich den Schweiß von der Stirn. Die sengende Hitze machte ihm in seinem Dienstanzug sauber zu schaffen. »Wir übernehmen das. Setz du dich an die Bar vor und trink erst mal was. Ich komme gleich nach. Hier hinten wird jetzt alles von der Spurensicherung abgesperrt.«

»Okay. Ach, das hier habe ich noch gefunden. Da vorne.« Sie reichte ihm die Sonnenbrille, die beim ersten Gebüsch auf dem Boden gelegen hatte.

»Warum hast du sie angefasst? Ich denke, du liest so viele Krimis.« Sepp schnaubte genervt. Immer diese Amateure.

»Ich fand sie vor Sonja. Dachte, dass sie ihr gehört oder dass sie jemand einfach verloren hat. Fingerabdrücke sind mir zu dem Zeitpunkt gar nicht in den Sinn gekommen. Ich hätte doch nie gedacht, dass Sonja …« Sie zuckte unschuldig mit den Achseln, brach abermals in Tränen aus.

»Verdammter Mist.« Sepp blickte betroffen auf den See hinaus. Natürlich hatte er Sonja, genau wie Babs, seit der Schule gekannt. Und jetzt hatte seine Schwester wahrscheinlich auch noch wichtige Spuren verwischt.

»Stimmt.« Sie schniefte. »Aber vielleicht finden eure Leute trotzdem noch Abdrücke darauf.«

»Hoffen wir's.«

Sepp winkte einen der weißgekleideten Männer von der Spurensicherung herbei. Der packte die Brille in einen Plastikbeutel und verschloss ihn sorgfältig. Babs kramte währenddessen ein Papiertaschentuch aus ihrer Badetasche, schnäuzte kräftig hinein und machte sich auf zur BeachBar.

»Und? Hast du Sonja gefunden, Babs?« Rudi blickte sie neugierig an, während sie sich auf ihren Platz setzte.

Ihr Drink stand immer noch da. Er hatte also Wort gehalten und darauf aufgepasst.

»Habe ich.« Sie trank nachdenklich einen Schluck Campari. Im selben Moment verzog sie angewidert das Gesicht. »Pfui Teufel, warm! Hast du Eis?«

»Ich mach dir einen Neuen. Gib her.« Rudi nahm ihr das Glas aus der Hand, schüttete den Inhalt in die Spüle und stellte eine Minute später ein frisch gefülltes vor sie hin. »Und wo ist sie nun, die Sonja?«

»Sie ist … weg.«

»Wie weg?«

»Sie ist tot«, flüsterte Babs.

»Was?« Er starrte sie entgeistert an.

»Kein Wort zu irgendwem. Hörst du?«, zischte sie. »Sepp untersucht die Sache gerade.«

»Okay«, zischte er zurück. »Aber was ist ihr denn passiert?«

»Sie wurde mit ihrem Bikinioberteil erwürgt, so wie es aussieht.«

»Wirklich? Um Himmels Willen!« Rudis Stimme zitterte. Sein Gesicht sah auf einmal gar nicht mehr nach Sunnyboy aus.

»Reiß dich zusammen, Rudi. Was sollen denn deine anderen Gäste denken? Willst du, dass es hier einen Aufruhr gibt?«

»Okay, hast recht.«

»Mit wem außer Gerhard hat Babs noch geredet? Wie lange war sie schon hier? Wann genau ist sie zur Toilette gegangen? Ist dir sonst irgendwas aufgefallen? Fremde? Bekannte?« Babs stieß die Sätze im Stakkato eines Maschinengewehrs hervor. Die neugierige Hobbydetektivin in ihr hatte die Oberhand gewonnen.

»Moment mal, Frau Kommissarin. Hast du neuerdings etwa den Job deines Bruders übernommen?« Er hob erst abwehrend die Hände, dann kratzte er sich verwirrt am Kopf.

»Sagen wir mal so, ich helfe ihm. Ich tu's für Sonja.«

»Aha. Na gut. Wahnsinn, die Sonja tot. Nicht zu fassen.« Rudi legte den Finger an den Mund. Er schien nachzudenken. Dann begann er langsam und stockend zu reden. »Pass auf. Sie … sie ist um kurz vor zwölf hierher an die Bar gekommen. Dann war sie … zwei oder dreimal im Wasser. Kurz bevor du gekommen bist, ist sie auf die Toilette gegangen. Sie hat vorher mit etlichen Leuten geredet. Aber außer dem Gerhard ist mir dabei niemand besonders aufgefallen.«

»Welche Liege war ihre? Sind ihre Sachen noch dort?«

»Nein, die hat sie mir vorhin gegeben, damit ich darauf aufpasse. Geld, Scheckkarten, Schlüssel. Sie hatte alles dabei.« Rudi zauberte Sonjas Handtasche unter dem Tresen hervor.

»Lass die Tasche lieber liegen, bis Sepp da ist. Fingerabdrücke und so, du weißt schon.« Babs machte eine beschwichtigende Geste.

»Weiß ich zwar nicht. Aber gut, ganz wie du willst, Miss Marple.« Er ließ die schwarze Umhängetasche mit den Strassverzierungen wieder verschwinden.

»Rudi, denk bitte noch mal ganz genau nach«, forderte sie ihren Jugendschwarm auf. »Mit wem hat Sonja geredet?«

Rudi überlegte erneut. »Mit mir, mit Gerhard und mit den Typen dahinten«, meinte er dann entschieden. »Das steht auf jeden Fall fest.« Er zeigte auf die Gruppe tätowierter junger Männer, die vorhin, als Babs losgegangen war, um Sonja zu suchen, neben ihr gestanden waren und gelacht hatten.

»Und Gerhard hast du danach nicht mehr gesehen?«

»Doch.« Rudi grinste flüchtig.

»Was ist daran so lustig? Vorhin hast du doch noch gesagt, er wäre nach Hause gegangen.« Wie konnte er nur so unsensibel sein und im Angesicht des Todes einer alten Freundin grinsen? Nur gut, dass Babs ihm damals nicht länger nachgelaufen war. Früher oder später hätte er sie zweifellos sowieso enttäuscht.

»Habe ich auch. Aber gerade kommt er wieder.« Er zeigte über ihre rechte Schulter hinweg.

Sie drehte sich um und erkannte Gerhards sommersprossiges Gesicht. Der lange rothaarige Schlacks mit den krausen Locken näherte sich ihnen mit weit ausgreifenden Schritten. Frisch rasiert und bieder gekleidet wie eh und je. Weiße Socken, hellbraune Sandalen, graue Shorts mit Bügelfalte, dunkelgrünes bis oben zugeknöpftes Polohemd. Es hätte ihm nur noch eine Fliege oder ein Schlips gefehlt.

»Servus, Babs«, rief er ihr schon von Weitem zu. »Auch mal wieder im Lande? Wie geht's?«

»Im Moment nicht so gut«, erwiderte sie mit gedämpfter Stimme, sobald er bei ihnen angekommen war. Sie erhob sich von ihrem Barhocker und reichte ihm die Hand.

»Mir auch nicht. Habe andauernd Genickschmerzen. Der Doktor meint, dass es vom Rennradfahren kommt, weil sich bei der schlechten Haltung der Nacken verspannen würde.« Er legte zur Verdeutlichung seinen Kopf weit nach hinten. »Fährst du immer noch so gerne mit deinem Mountainbike in die Berge?«, wollte er wissen.

»Ab und zu.« Sie lächelte schief.

»Dann pass bloß auf dein Genick auf.«

»Okay.«

»Du bist so kurz angebunden. Ist irgendwas?« Er staunte sie neugierig an.

Könnte er vielleicht Sonja umgebracht haben?, fragte sie sich währenddessen. Blödsinn. Sonja hatte zwar ein paar Mal erzählt, dass er recht eifersüchtig gewesen war, als sie zusammen waren. Aber Gerhard brachte niemanden um. Dazu war er einfach nicht der Typ.

»Ja, Gerhard. Es ist etwas … mit Sonja.«

»Mit Sonja? Aber was ist denn mit ihr? Ich wollte gerade noch mal mit ihr ins Wasser. Der Termin mit meinem Kunden in Bad Reichenhall 8 hat sich verschoben. Angeblich musste er ins Krankenhaus.«

Gerhard war seit einigen Jahren der erfolgreichste Versicherungsmakler und Anlageberater der Gegend. Babs hatte immer vermutet, dass dies ein wichtiger Grund dafür gewesen war, dass sich Sonja überhaupt auf ihn eingelassen hatte. Und sie vermutete das auch jetzt noch.

»Termin? Rudi hat vorhin gemeint, du wärst längst nach Hause gefahren.« Sie blinzelte misstrauisch.

»Bin ich auch. Ich musste ja meine Unterlagen abholen und mich umziehen. Aber kaum war ich daheim hat dieser Wagner aus Bad Reichenhall angerufen und abgesagt. Und hier bin ich wieder. In ganzer Pracht und Größe.« Er breitete grinsend die Arme aus. »Also, was ist nun?« Er schaute forschend von einem zum anderen.

Rudi wandte sich ab, um einen Kunden am anderen Ende des Tresens zu bedienen.

»Sonja ist nicht mehr unter uns.« Sie legte behutsam ihre Hand auf seinen Arm.

»Guter Scherz. Leider nicht besonders witzig, Babs. Also, sag schon. Ist sie nach Hause gefahren?« Seine bisher freundlich offene Miene wurde ernst.

»Ja, wenn das nicht der Herr Anlageberater Maier persönlich ist.« Bevor Babs antworten konnte, stand auf einmal Sepp neben ihnen. »Läuft übrigens super mit deinem Aktientipp, alter Freund. Dank dir noch mal recht schön dafür. Du hast was gut bei mir.«

»Servus, Sepp«, erwiderte Gerhard. »Nichts zu danken. Was macht denn die Kripo am helllichten Tag im Strandbad? Sind euch die Leichen ausgegangen?« Er lachte hölzern.

»Ein Mord führt mich her.«

»Was? Tatsächlich?« Gerhard wurde schreckensbleich. »Aber es hat nichts mit Sonja zu tun. Oder?«

»Wie kommst du auf Sonja?« Sepp machte ein neugieriges Gesicht.

»Ich habe es ihm gerade angedeutet«, mischte sich Babs ein. »Gerhard war doch ihr Freund.«

»Exfreund, leider«, hauchte Gerhard tonlos. »Es stimmt also tatsächlich?« Er sah so aus, als würde er jeden Moment umkippen.

»Ja, Gerhard.« Babs holte ihm einen Barhocker und forderte ihn auf, sich zu setzen. Er nahm ihr Angebot schweigend an, schüttelte dabei immer wieder nur fassungslos und schockiert den Kopf, schaute mit leeren Augen geradeaus ins Nichts.

»Er war es nicht«, flüsterte Babs ihrem Bruder ins Ohr, nachdem sie beide ein paar Schritte zur Seite getreten waren, um Gerhard ein wenig Ruhe zu gönnen. »Der ist wirklich total erschrocken und erschüttert. Das kann man nicht spielen.«

»Das wird sich zeigen«, erwiderte Sepp. »Wer käme noch in Frage. Hast du eine Idee?«

»Genau weiß ich es auch nicht. Aber ich habe da so eine Vermutung.«

»Dann schieß los, Miss Marple.« Sepp kannte Babs' Vorliebe für Kriminalgeschichten. Und er erinnerte sich, dass sie ihm auch bei früheren Fällen bereits einige wertvolle Tipps gegeben hatte, mit dem sehr zufriedenstellenden Ergebnis, dass er sich die daraus resultierenden Erfolge anschließend ans eigene Revers heften konnte.

»Schau dir mal diese Jungs an, die gerade bei Rudi an der Bar stehen und Bier holen.«

»Die mit den Tätowierungen.«

»Genau die. Vorhin waren sie nur zu fünft. Jetzt sind sie zu sechst. Einer von ihnen hat keine Sonnenbrille auf. Die anderen schon.«

»Du meinst …«

»… Es kann gut sein, dass es seine Sonnenbrille war, die ich in Sonjas Nähe gefunden habe. Jawohl.« Sie nickte entschlossen.

»Na gut. Das ist zwar bis jetzt kein Beweis dafür, dass er etwas mit Sonjas Tod zu tun hat. Vielleicht hat er seine Brille einfach nur verloren. Aber ich kann mich ja mal mit ihnen unterhalten.«

»Du?«

»Wir.« Er lächelte gutmütig.

»Na gut. Auf geht's.« Sie grinste grimmig. Nehmt euch in Acht, Burschen. Babs Bauer hat eure Fährte aufgenommen.

»Servus, die Herren«, begann Sepp freundlich, sobald sie bei der Gruppe junger Männer angekommen waren.

»Servus!«, kam es nahezu unisono aus sechs gut befeuchteten, kräftigen Kehlen zurück.

»Seid ihr schon lange da?« Sepp versuchte es erst einmal auf die lockere unverfängliche Tour.

»Wer will das wissen?« Der größte und kräftigste von ihnen stellte sich aufrecht hin und ließ provozierend seine Muskeln spielen. Die anderen reihten sich geschlossen hinter ihm auf.

Na gut, dann musste es halt offiziell gehen.

»Hauptkommissar Josef Bauer, Kripo Traunstein.« Sepp zückte seinen Dienstausweis und hielt ihn vor ihre Nasen.

»Seit heute Vormittag sind wir hier. Warum?« Der offensichtliche Anführer zog fragend die Brauen hoch.

»Die Fragen stelle ich.« Sepp blieb ruhig.

»Und Antworten gibt's nur, wenn du unsere Fragen auch beantwortest. Kapiert, Landbulle?«

»Wie heißen Sie?« Sepp ließ sich nicht beeindrucken.

»Das geht dich einen Scheißdreck an, Landei.«

»Genau, Dorfbulle! Pappnase! Arschloch«, kam es nun von den anderen.

Es reichte. Diese Kerle hatten offenbar keine Manieren und vor nichts Respekt. Nicht einmal vor einer offiziellen Polizeimarke. Höchste Zeit, ihnen eine Lektion zu erteilen, sonst zog sich das Ganze hier noch ewig in die Länge. Sepp trat blitzschnell auf ihren Anführer zu, packte ihn am Ohr, drehte es herum und zog ihn hinter sich her, während er mit ihm einen Kreis um seine Kumpels herum abschritt. Der respektlose Jugendliche schrie vor Wut und Schmerzen auf. Nachdem Sepp genug von seinem Gejammer hatte, ließ er ihn wieder los.

»Und? Alles klar?«, fragte er ihn. Er zog dabei nur die rechte Augenbraue hoch. Der Rest seines Gesichts blieb ausdruckslos.

»Ja, verdammt.«

»Also, Name?«

»Peter Schaller.«

»Woher kommst du?«

»Wir kommen alle aus München. Und? Bist du jetzt schlauer?« Der kahlrasierte durchtrainierte Peter hörte auf, sein rotes Ohr zu reiben. Er zeigte auf seine ebenfalls kahlrasierten durchtrainierten Freunde.

»Wie heißt du?«, wandte sich Sepp an den etwas kleineren Burschen ohne Sonnenbrille.

»Ich? Wieso?«

»Geht das schon wieder los?« Sepp hob die Hand und machte einen Schritt auf ihn zu.

»Schon gut«, wehrte sein Gegenüber mit erhobenen Händen ab. »Ich bin der Jörg Berger vom Königsee [9].«

»Ich denke, ihr seid aus München.«

»Ja. Aber ursprünglich komme ich vom Königsee. Seit meine Eltern tot sind, wohne ich bei meiner Tante in Moosach.«

»Wo ist deine Sonnenbrille, Jörg? Alle anderen haben eine auf. Nur du nicht.« Sepp zeigte auf Jörgs Kollegen, die mit verschränkten Armen neben ihm standen und zuhörten.

»Ich? Ich brauche keine. Stört mich nur.« Jörg verschränkte ebenfalls die Arme vor der Brust.

Babs zog ihren Bruder beiseite.

»Er lügt. Schau dir mal die weißen Stellen an seinen Schläfen und um die Augen herum an«, flüsterte sie ihm ins Ohr.

»Alles klar.« Sepp nickte zustimmend. »Gehst du zu meinen Leuten hinter und holst die Sonnenbrille?«, flüsterte er zurück. »Wenn sie passt, haben wir zumindest einen Verdächtigen.«

»Bin schon unterwegs.« Sie eilte davon.

Sepp trat erneut vor die Jugendlichen.

»Ist die kleine Schlampe mit dem roten Mund auch von der Kripo?«, fragte Peter.

Sepp ignorierte ihn. Er blickte stattdessen Jörg direkt in die Augen. »Woher kommen die weißen Streifen an deinen Schläfen?«, fragte er ihn.

»Welche weißen Streifen? Ich habe keine weißen Streifen.« Jörg lief rot an.

»Die hier meine ich.« Sepp trat näher an ihn heran und berührte seine Schläfe.

Jörg hob die linke Hand und schob Sepps Arm damit weg. Dabei offenbarten sich ein paar tiefe Kratzer auf der Rückseite seines Oberarms. Sepp registrierte beides mit den wachsamen Augen des professionellen Ermittlers. Einmal, dass Jörg offensichtlich Linkshänder war, was die Schlagverletzung an Sonjas rechter Schläfe erklärt hätte, und dann die Kratzer selbst. Bestimmt waren unter Sonjas Fingernägeln Hautspuren des jungen Mannes zu finden.

»Das habe ich schon immer. Meine Haut ist da etwas weißer. Ist aber ganz normal, sagte meine Mutter immer.« Schweißperlen begannen sich auf Jörgs Stirn zu bilden. Zuerst waren sie nur ganz winzig, wurden aber schnell immer größer.

Babs kam mit der Sonnenbrille und zehn Uniformierten im Schlepptau zurück. Sepp nahm die Brille vorsichtig mit Daumen und Zeigefingern beider Hände und setzte sie Jörg, der sich anfangs noch dagegen wehrte, auf. Sie passte genau über die hellen Hautstellen.

»Na also. Sitzt, wackelt und hat Luft«, stellte Babs humorlos dreinblickend fest.

»Herr Berger, ich verhafte Sie hiermit wegen des dringenden Tatverdachtes, Sonja Kühnhauser ermordet zu haben.« Sepp legte Jörg Handschellen an.

»Aber das habe ich nicht getan«, protestierte der währenddessen. »Ich kenne gar keine Sonja Dings, äh …«

»Das wird sich alles rausstellen. Auf jeden Fall lag Ihre Brille nicht weit vom Tatort.« Sepp packte ihn fest am Oberarm. »Dass man für Mord lebenslänglich hinter Gitter geht, wissen Sie sicher.«

»Aber ich bin kein Mörder.« Jörg machte einen zusehends verzweifelten Eindruck. Er blickte sich panisch zu seinen Freunden um. »Helft mir doch, Leute.«

»War es ein Unfall?«, fragte Babs einer inneren Eingebung folgend.

»Wie, ein Unfall?«

»Ist es aus Versehen passiert?« Sie bemühte sich mitfühlend zu klingen. Vielleicht würde der Kerl dann eher gestehen. »Für ein Versehen können Sie ja nichts. Da kann Ihnen dann auch gar nichts passieren.«

»Wirklich?« Er zögerte. Seine Augen flackerten verunsichert.

»Logisch«, erwiderte Babs. Anscheinend glaubt er den Schmarrn, dachte sie. Eigentlich gemein von mir, aber manchmal muss man der Wahrheit eben ein bisschen auf die Sprünge helfen.

Er sah Sepp fragend an. Der nickte zustimmend.

»Na gut … Es war ein Versehen.« Jörg atmete erleichtert durch. »Ich wollte doch nur, dass sie nicht so herumschreit, wenn ich es mit ihr mache«, erklärte er sachlich. »Dann habe ich ihr eine aufs Maul gegeben, aber sie hat immer noch nicht aufgehört. Erst als ich der blöden Schlampe mit dem Bikini den Hals zugedrückt habe, war endlich Ruhe. Kann ich jetzt gehen?«

»Dir ist aber schon bewusst, dass du Frau Kühnhauser mit ihrem Bikini erwürgt hast?« Babs konnte die verharmlosende Kaltschnäuzigkeit des Kerls nicht fassen.

»Ja. Aber eben aus Versehen, wie Sie gerade gesagt haben. Ich bin unschuldig. Nehmen Sie mir die Handschellen jetzt wieder ab?« Jörg hielt Sepp seine gefesselten Hände hin.

»Ich hab's euch doch gleich gesagt«, posaunte der kleinste seiner Kumpane in Richtung der anderen hinaus. »Er macht die Alte platt und lässt sich auch noch erwischen, der Volldepp. Gott sei Dank habe ich meine 100 Euro gegen ihn gewettet.«

»Ach, da schau her. Ihr habt die Sache gemeinsam geplant?« Sepp zog überrascht die Brauen hoch. »Die anderen feinen Herren nehmen wir auch gleich mit, Männer. Auf geht's.«

Zehn kräftige Uniformierte, ein schwitzender Hauptkommissar im Anzug, sechs muskelbepackte junge Männer in nassen Badehosen und eine zierliche Brünette mit leuchtend roten Lippen verließen daraufhin unter den neugierigen Blicken der Badegäste das Strandbad. Der rothaarige Rennradfahrer und erfolgreiche Anlageberater Gerhard Maier saß unterdessen mit hängenden Schultern und heißen Tränen in den Augen auf seinem Barhocker. Barkeeper Rudi stellte ihm schweigend den dritten doppelten Obstler hin.

FREIZEITTIPPS:

1 Tipp 1-2: Strandbad in Übersee: Der schönste und längste Strand am Chiemsee mit herrlichen Naturbadebuchten. Zusätzlich gibt es unter anderem eine mobile Massagepraxis mit ausgebildeten Physiotherapeuten, einem Trampolin, Schachfeld und vieles mehr. Abends geht's in die BeachBar mit Lagerfeuer und Loungemusik bei spektakulären Sonnenuntergängen.

2 Tipp 3: Heilig Kreuz Kirche in Traunstein. Sehenswerte Stadtkirche. Die Stadtkirche ist eine besondere Form des Pfarrverbandes.

3 Tipp 4-6: Prien am Chiemsee. Prien ist ein Luftkurort und der einzige Kneippkurort Oberbayerns. Vom Hafen Prien/Stock aus kommt man direkt zur Herren- und Fraueninsel. Sehenswert: Der Schaufelrad-Dampfer »Ludwig Fessler«, erbaut 1926 und die historische Bockerlbahn (zeitweise dampfbetrieben) sowie das Ludwig-Thoma Haus beim Ludwig-Thoma-Gymnasium. Ludwig Thoma schrieb hier in Prien seine berühmten Lausbubengeschichten.

4 Tipp 7-8: Burg Marquartstein: Eine mittelalterliche Burganlage in Marquartstein. Sie liegt auf einem Felsen über Marquartstein und ist heute in Privatbesitz. Die Burgkapelle St. Vitus neben der Burg wurde nach einem Brand im Jahr 1843 zwei Jahre

später neu errichtet. Hier heirateten am 10. September 1894 der Komponist Richard Strauss und Pauline de Ahna. Außerdem sehenswert für die lieben Kleinen: Der Märchen-Erlebnispark in Marquartstein.

5 Tipp 9: 1873 kaufte König Ludwig II. von Bayern die Herreninsel und baute dort ein neues Schloss: Herrenchiemsee. Als Kopie von Versailles sollte es ein »Tempel des Ruhmes« für König Ludwig XIV. von Frankreich werden, der von dem bayerische Monarchen sehr verehrt wurde. 1878 begonnen, war der Bau 1886, beim Tod König Ludwig II., noch nicht vollendet. Zu erreichen ist das Schloss über die Fährlinien des Chiemsees vom Fährhafen Prien/Stock aus. Es ist täglich geöffnet, außer 1. Januar, Faschingsdienstag, 24., 25. und 31. Dezember.

6 Tipp 10: Watzmanndurchschreitung: Anspruchsvolle, sehr beliebte und abwechslungsreiche Bergtour mit 2.090 Höhenmetern. Hier sind Können und sehr gute Kondition gefragt. Nur die schwierigsten Stellen sind entschärft. Man bewegt sich an 500m bis 100m senkrecht abfallenden Steilwänden. Starke Winde und Temperaturschwankungen können ebenfalls auftreten. Auf jeden Fall nur etwas für professionelle Bergausrüstung und erfahrene Bergsteiger.

7 Tipp 11: Wimmbachklamm: Natur pur. Man geht hier auf gut gesicherten, massiven Stegen. Mit

Urgewalt schießt der Wimbach zwischen den steilen Klammwänden hindurch. Hinter der Klamm geht es durch den schattigen Wald zum Wimbachschloss (936 m) hinauf. Oben kann man sich dann im Schlossgasthaus (früheres Jagdhaus) für den Abstieg stärken.

8 Tipp 12-16: Bad Reichenhall. Das »Meran des Nordens« ist, bekannt durch das Alpensalz und die original Bad Reichenhaller Alpensole, ein beliebter Atem-Kurort. In dem gesunden Urlaubsziel vor den Toren Salzburgs werden Asthma und alle möglichen Arten von Lungenkrankheiten behandelt. Sehenswert sind der Christkindlmarkt zur Adventszeit, die alte Saline, die Pfarrkirche St. Nikolaus sowie weitere Kirchen, die mittelalterliche Burg Gruttenstein, die Altstadt und sommers wie winters die herrliche Bergwelt und Natur mit ihren zahlreichen Wanderwegen.

9 Tipp 17: Königsee. Berühmter smaragdgrüner Bergsee bei Berchtesgaden unterhalb des großen sagenumwobenen »König« Watzmann. Sehenswert sind unter anderem der Malerwinkel, der etliche bekannte Künstler inspiriert hat und die Wallfahrtskirche St. Bartholomä, die nur mit dem Schiff erreichbar ist. Hier gibt es auch herrliche geräucherte Forellen im Gasthaus. Hörenswert ist das Echo, das von den steilen Felswänden rund herum zurückhallt.

DER METZGER

Hubert Neumaier hatte schon als Bub zu denjenigen gehört, die gerne und schnell einmal beleidigt reagierten. Gleichzeitig hatte er nah am Wasser gebaut. Beim erwachsenen Hubert hat sich das kindliche Schmollen und Weinen dann im Laufe der Zeit immer mehr zu einem regelrecht fanatischen Selbstmitleid und völlig unkontrollierten rasenden Wutanfällen ausgeweitet. Schon beim Frühstück konnte der hagere Riese wie ein Rohrspatz schimpfen, auch wenn diese Bezeichnung nicht zu seinem Äußeren, vor allem den klobigen Händen, passte. Keine halbe Stunde später warf er sich dann selbst lauthals vor allen anderen absolute Unzulänglichkeit und grenzenlose Dummheit vor. Er würde sowieso nur alles falsch machen, das Leben wäre nichts als ein einziger sinnloser Schmarrn, er könne gar nichts, er würde alle nur ausnützen, alle würden ihn nur ausnützen und so weiter. Nicht einmal vor den Kunden seiner Metzgerei in Chieming [10] machte er mit seinem Gezeter Halt.

Meistens wusste er nicht, was in diesen Momenten über ihn kam. Doch anstatt es einfach hinzunehmen und abzuhaken, machte er sich deswegen lieber erneute Vorwürfe. Es wäre ja wohl klar, dass nur er so schrecklich wäre, so fürchterlich wie er sich immer benähme und so hässlich wie er sei, mit den wenigen aschblonden Haaren und den vielen Schrunden und Schuppen überall am Körper. Er würde sich die meiste Zeit selbst nicht aushalten. Irgendwann würde er mit allem Schluss machen. Aber wirklich mit *allem*! So ging es tagein und tagaus und wurde von Mal zu Mal schlimmer.

Irgendwann begann die Sache seinem Geschäft zu schaden. Die Kunden der Metzgerei blieben aus. Zuerst nur wenige, doch im Laufe der Zeit wurden es immer mehr. Bis sich eines Tages kein einziger Einheimischer mehr in seinen Laden verirrte. Touristen und andere Ortsfremde wurden vor Hubert gewarnt. Noch dazu hatte gleich gegenüber ein großer Supermarkt aufgemacht, in dem Fleisch- und Wurstwaren viel billiger waren.

Auch sein Privatleben litt nun zusehends. Dabei hätte alles so gut für ihn laufen können. Seine Frau Maria war anfangs für ihn ein Engel auf Erden gewesen, dunkelhaarig, schlank und einfach nur wunderschön. Ihre Eltern hatten ihr und Hubert die Metzgerei als Hochzeitsgeschenk überschrieben. Beste Voraussetzungen für ein erfolgreiches und glückliches Leben also. Aber die andauernden Streitereien mit ihrem Mann hatten letztlich auch Maria dazu gebracht, sich von ihm abzuwenden. So war sie im vorletzten Frühjahr mit ihren beiden fast erwachsenen Söhnen in ihr altes Elternhaus nach Grassau [11] gezogen, das seit deren Tod leergestanden hatte.

Vor einem Monat hatte sie ihm dann über ihren Anwalt ihre Scheidungsabsichten mitteilen lassen. Spätestens jetzt hätte jeder andere zumindest einmal überdacht, ob er wirklich alles in seinem Leben richtig machte. Jeder andere, aber nicht Hubert. Er kochte und wurstete stur weiter, sägte Schweine- und Rinderteile auseinander, als gäbe es kein Morgen und öffnete jeden Tag pünktlich sein Geschäft. Zum letzten Mal lebend gesehen hatte ihn der Messner der Wallfahrtskirche St. Florian 12 in Greimelberg, als er dort am Abend des 20ten August gegen sieben Uhr zwei Kerzen anzündete. Worum er den Herrgott dabei gebeten hatte, konnte niemand sagen.

Am Dienstag, den 21. August, entdeckte ihn sein Sohn Bernhard, der ihm bis zuletzt ab und zu noch in der Metzgerei geholfen hatte, morgens um halb acht in der Kühlkammer. Er saß dort, reglos mit dem Rücken an eine Rinderhälfte gelehnt, auf dem Boden, barfuß, nur seine kurzen Arbeitshosen und ein T-Shirt am Leib. In seiner rechten Hand hielt er eine leere Flasche Birnengeist. Bernhard rief auf der Stelle die Polizei.

Hauptkommissar Sepp Bauer traf nahezu zeitgleich mit den Kollegen von der Spurensicherung gegen halb neun am Tatort ein. Nachdem er sich eine Weile lang bei den winterlichen Temperaturen im Kühlraum der alteingesessenen Metzgerei Neumaier umgesehen hatte, war der Fall für ihn klar. Hier handelte es sich eindeutig um Selbstmord durch Erfrieren. Da brauchte er sich gar nicht mehr weiter umzuschauen. Fröstelnd stellte er sich vor die Tür, um sich in der Morgensonne aufzuwärmen.

»Hey, Bruderherz. Was treibst du denn hier?« Seine Schwester Babs grinste ihm, in schwarzen Radlerhosen und rotem Sporthemd neben ihrem Mountainbike stehend, von der gegenüberliegenden Straßenseite aus zu. »Ich denke, beim Neumaier kauft keiner mehr.«

»Da kannst du dir ab heute ganz sicher sein«, erwiderte er grimmig lächelnd.

»Wie meinst du das? Ist etwas passiert?« Sie schob ihr Rad über die Fahrbahn, lehnte es an die Hauswand, ging zu ihm, nahm ihr weißes Käppi und die Sonnenbrille ab und gab ihm ein schwesterliches Küsschen auf die Wange.

»Hubert Neumaier sitzt erfroren in seinem Kühlhaus. Schaut glasklar nach Selbstmord aus.«

»Was?«, rief sie entsetzt. »Erfroren mitten im August? Komisch. Der alte Neumaier war doch nicht depressiv. Er hat ununterbrochen gemeckert und lamentiert. Aber deswegen bringt man sich doch nicht um.« Sie schüttelte ungläubig den Kopf.

»Woher willst du wissen, wie es in ihm aussah? Hast du ihn so gut gekannt?« Ein überlegenes Lächeln huschte über Sepps Gesicht. Wollte ihm seine große Schwester etwa schon wieder seinen Job erklären? Wenn sie sich da gerade mal nicht sauber geschnitten hatte.

»Keiner hat ihn wohl wirklich gekannt. Aber trotzdem kann ich mir nicht vorstellen, dass er sich umgebracht haben soll.« Babs schüttelte vehement den Kopf.

»Das zu beurteilen, wirst du schon mir überlassen müssen, Miss Marple.« Er richtete sich zu voller Grüße auf, hob sein Kinn und straffte seine Schultern. So sahen offizielle Autoritätspersonen der Ermittlungsbehörde aus, jawohl, so und nicht anders.

»Logisch. Weiß ich doch. Darf ich ihn mir trotzdem mal anschauen. Rein interessehalber.« Als begeisterte Hobby-Detektivin wollte sich Babs eine Gelegenheit wie diese natürlich nicht entgehen lassen.

»Ich weiß nicht recht.« Er runzelte nachdenklich die Stirn.

»Ach, komm schon, Brüderchen. Bitte.« Sie setzte den nettesten und zugleich unwiderstehlichsten Große-Schwester-Blick auf, den eine große Schwester nur aufsetzen konnte. »Ich störe auch ganz bestimmt niemanden. Und Spuren verwische ich auch keine.«

»Na gut, von mir aus. Die SpuSi müsste sowieso fertig sein. Aber nur, weil du es bist.« Gutmütig grinsend betrat er mit ihr das Haus.

»Schon merkwürdig«, meinte Babs, als sie vor Huberts Leiche standen. »Da holt sich einer eine Flasche Birnengeist und setzt sich damit in die Kühlkammer.« Sie kramte ihren Lippenstift und einen winzigen Taschenspiegel aus ihrer kleinen Bauchtasche hervor und begann damit, die Farbe auf ihrem Mund aufzufrischen. Sobald sie das erledigt hätte, würde sie besser denken können. Zuhause in München beim Programmieren machte sie es genauso. Vor allem wenn sie vor einem schwierigen Problem stand.

»Warum? Logischer geht es doch nicht. Erst mal Mut ansaufen und dann gemütlich erfrieren.« Für Sepp, der sie kopfschüttelnd bei ihren Malerarbeiten beobachtete – er mochte keine Schminke – war die Sachlage nach wie vor sonnenklar.

»Gemütlich? Geh, Schmarrn, Bruderherz.« Sie schüttelte entschieden den Kopf. »Wenn ich mich umbringen will, schau ich doch, dass es möglichst schnell geht. Aufhängen, erschießen, Tabletten, irgendwo runterspringen. Da sitze ich doch nicht in aller Seelenruhe da und warte darauf, dass ich langsam zum Eisblock erstarre.«

»Das stimmt natürlich auch. Aber die Tür war nur angelehnt, meinte sein Sohn Bernhard vorhin. Er hätte jederzeit rausgehen können. Anscheinend wollte er nicht.« Er zuckte nur mit den Schultern.

»Oder der Sohn hat gelogen. Oder jemand anderes hat die Tür verschlossen, bis er erfroren war und sie erst dann wieder geöffnet.« Sie packte den Lippenstift und ihren Taschenspiegel wieder weg. Dann kniete sie sich zur Leiche des Metzgers hinunter. »Hast du dir mal seine Fingernägel angeschaut?«

»Nein, wieso? Sind sie nicht geschnitten oder schmutzig? Trauerränder?« Er lachte trocken.

»Im Gegenteil, sie sind abgebrochen und abgerissen, teilweise sind sie blutig. So als hätte er damit an irgendetwas geschabt.«

»Du meinst, er könnte damit in Todespanik von innen an der Tür gekratzt haben?« Er wurde schlagartig wieder ernst.

»Das meine ich.«

»Weil er hier drinnen eingesperrt war und unbedingt raus wollte.«

»Genau.« Babs nickte nachdenklich. »Es muss schrecklich sein, wenn du den Tod direkt vor Augen hast, aber nichts dagegen unternehmen kannst.«

»Aber dann müssten doch irgendwo Blutspuren zu sehen sein. Ich sehe keine. Du etwa?«

»Der Täter kann sie beseitigt haben.«

»Und wenn er zum Beispiel Fingernägel gekaut hat, und es stimmt eben doch, was sein Sohn gesagt hat. Nämlich, dass die Tür offen war.« Sepp hob oberlehrerhaft den Zeigefinger. »Er hat unentwegt mit seinem Schicksal gehadert, der Hubert Neumaier. Das weiß jeder am Chiemsee. Seine Frau hat ihn verlassen. Und vor der Pleite stand er obendrein. Leute haben sich schon aus weit geringeren Anlässen das Leben genommen.«

»Mag alles sein.« Babs erhob sich wieder. »Aber ich glaube trotzdem nicht daran, dass er sich hier drinnen umbringen wollte. Dazu hätte er schon ein ausgewachsener Masochist sein müssen.«

»War er doch. Er hat gejammert ohne Ende.«

»Masochisten jammern nicht, die lieben den Schmerz.«

»Klar, logisch. Hab ich gerade bloß verwechselt.« Sepp machte schnell eine wegwischende Handbewegung.

»Vielleicht wollte er sich nur mal kurz abkühlen. Der reine Luxus bei dem Wetter draußen, sogar nachts ist es zu heiß. Er kam also hier rein, wanderte schnapstrinkend durch seine Schweine- und Rinderhälften und schwups hat jemand die Tür von außen zugeschlagen.«

»Aber die kann man doch von innen öffnen. Und der Schnaps? Wieso hatte er den überhaupt dabei, wenn nicht, um sich seinen Selbstmord so angenehm wie möglich zu gestalten?«

»Er kann schon die ganze Zeit vorher daraus getrunken haben und hat die Flasche einfach hierher mitgenommen. Weil er sie gerade in der Hand hatte. Sonst nichts. Und dass die Tür normalerweise auch von innen aufgeht, ist mir klar.«

»Na also.« Sepp nickte zufrieden.

»Was *na also*? Man kann sie doch bestimmt trotzdem von außen absperren, sodass sie nicht mehr von innen aufgeht. Oder etwa nicht?« Sie zog fragend die Brauen hoch.

»Keine Ahnung. Mist, daran habe ich noch gar nicht gedacht.«

»Dafür hast du schließlich mich.« Babs grinste triumphierend.

»Ja, ja, schon recht. Wir werden das gleich noch einmal ganz genau überprüfen, okay?« Er errötete und fühlte sich mal wieder von seiner großen Schwester ertappt.

»Aber Moment mal«, fuhr er fort. »Muss hier drinnen nicht irgendwo ein Alarm installiert sein, für den Fall, dass jemand aus Versehen eingesperrt wird? Soweit ich weiß, ist das Vorschrift.« Na? Wer war hier der unangefochtene Chef im Ring? Richtig, der Herr Hauptkommissar. Wer sonst?

»Vorschriften sind dazu da, umgangen zu werden.« Babs blickte sich ausgiebig im Raum um. »Ich sehe hier jedenfalls keine Alarmanlage, die man auslösen könnte. Du?«

Sepp suchte wie sie die Wände mit Blicken ab.

»Schaut nicht so aus«, räumte er eine Minute später ein. »Aber auf jeden Fall überprüfen wir das auch. Da müssen unsere Spezialisten halt doch noch mal ran«, fügte er hinzu.

Warum musste sie schon wieder recht haben? Immerzu musste sie recht haben. Schon als sie Kinder waren, hatte sie immer recht gehabt. Andererseits konnte er froh sein, dass sie ihm ihre Gedanken mitteilte. Letztlich würde er sie wie immer als seine eigenen Ermittlungsergebnisse präsentieren. Aber ein weiteres Mal würde er am heutigen Tage sein Gesicht nicht vor ihr verlieren. Soviel war sicher. Er schrieb alles, was noch getan werden musste, fein säuberlich in das kleine Notizbuch, das er immer bei sich trug. Babs hatte es ihm geschenkt, weil sie meinte, dass ein erfolgreicher Ermittler unbedingt eins brauchte. Sherlock Holmes habe schließlich auch eins gehabt. Seit seiner Ernennung zum Hauptkommissar bekam er jedes Jahr zu Weihnachten ein neues von ihr.

»Super. Und lass deine Leute auch mal ganz genau wegen Blutspuren an der Tür nachschauen. Mit diesem Lichtgerät …«

»Du meinst mit Luminol und blauem Licht? Habe ich schon notiert, Chefin.« Da sah man es wieder. Die Amateure wussten nicht einmal wie Spuren professionell gesichert wurden. Aber in einer Tour gescheit daher reden, das konnten sie.

»Perfekt. Gehen wir raus? Mir ist kalt.« Sie ignorierte seinen ironischen Unterton, zeigte ihm nur die Gänsehaut auf ihren Armen.

»Logisch. Nicht dass wir uns mitten im heißesten August noch einen Schnupfen holen.« Er ging voraus.

»Wo willst du eigentlich hin mit deinem Mountainbike?«, wollte er wissen, als sie wieder in der Sonne vor dem Haus standen.

»Ich bin unterwegs nach Seebruck 13 ins Nagelstudio. Dann will ich auf der anderen Seite vom See wieder heim. Und vielleicht fahre ich auch noch ein Stück die Tiroler Ache nach Unterwössen 14 rauf.«

»Eine Seeumrundung? Respekt. Bekommt man dafür beim Programmieren am Schreibtisch auch genug Kondition?« Ihr jüngerer, sehr sportlicher Bruder grinste herausfordernd.

»Für dich langt's gerade noch«, schoss sie scherzhaft zurück. »Außerdem ist es überall flach am Ufer.«

»Und was willst du im Nagelstudio?« Er grinste nun nicht mehr nur herausfordernd, sondern eindeutig anzüglich.

»Bestimmt nicht das, was du schon wieder denkst. Ich wollte mir die Fingernägel machen lassen, stell dir vor. Auch geistig arbeitende Menschen wie ich wollen schön sein.« Babs streifte ihre schwarz-rot gemusterten Fahrradhandschuhe über. »Sagst du mir heute Abend Bescheid, wie es mit den Ermittlungen läuft?«

»Logisch, Schwesterherz. Wie könnte ich dir etwas verschweigen. Viel Spaß noch.« Sepp gab ihr einen freundschaftlichen Klaps auf die Schulter. Gott sei Dank, endlich war er wieder alleine Chef im Ring. Aber ihre Bemerkungen mit der Tür, Respekt.

»Danke. Bis dann.« Sie setzte ihr Käppi und ihre

Sonnenbrille auf, stieg in den Sattel und reihte sich mit wehenden Haaren in den Verkehr auf der Hauptstraße ein.

Der blonde, seinem Vater wie aus dem Gesicht geschnittene Bernhard Neumaier raste mit seinem alten dunkelblauen 5er-BMW über die Landstraße nach Grassau. Der gutaussehende Kommissar vorhin hatte gemeint, er dürfe gehen, aber er müsse sich für eine eventuelle Befragung zur Verfügung halten. Sein Vater hatte ihm den BMW zum 18ten Geburtstag geschenkt. Eine echte Rostlaube. Für einen Neuen hätte er kein Geld, hatte er gemeint, da müsse es der Alte auch tun. Bernhard hatte sich damals trotzdem gefreut. Auf dem Land ein Auto zu besitzen, egal welches, bedeutete Freiheit und Unabhängigkeit. Endlich konnte er nach Tittmoning 15 in die Disko oder zum Bergsteigen auf seinem Lieblingsberg, den Hochstaufen 16 fahren, ohne vom Wohl und Wehe seiner Freunde abhängig zu sein. Er hatte es vorhin in der Metzgerei nicht übers Herz gebracht, seine Mutter anzurufen und ihr am Telefon vom Tod seines Vaters zu berichten. Er wollte es ihr lieber persönlich sagen, bevor es die Polizei tat.

Er hupte einen Rennradler an, sah im Rückspiegel, wie ihm der bunt und hauteng bekleidete Rentner, wütend die Faust schüttelnd, hinterher schimpfte. Es war ihm egal. Heute war ihm alles egal. Sein Vater war tot. Das Leben war mit einem Schlag ein anderes. Natürlich hatte er den jammernden Griesgram die meiste Zeit über nur genauso schwer ertragen, wie seine Mutter und Georg das getan hatten. Aber er hatte trotzdem immer zu ihm gehalten. Wollte den Vater nie von dem Podest stürzen, auf das er ihn als Kind gehoben hatte.

Rückblickend und genau betrachtet war er wohl der einzige Mensch auf der Welt gewesen, der mit Hubert Neumaier einigermaßen zurechtgekommen war. Doch der Vater hatte ihm das zu Lebzeiten nie gedankt. Hatte sich lieber barsch und ignorant ihm gegenüber gezeigt, hatte ihn zu seinem Leibeigenen gemacht, ihn alle schweren Arbeiten machen lassen. Und jetzt verhöhnte er ihn auch noch im Tod, indem er ihn auf so egoistische Weise allein ließ. Selbstmord! Wie feige und rücksichtslos konnte ein Mensch sein. Eine nie gekannte Wut auf den Alten stieg in Bernhard hoch. Wenn der nicht schon tot gewesen wäre, hätte er ihn im Moment glatt selbst umbringen können.

Während er zornig das Gaspedal durchtrat, überholte er eine Gruppe Wanderer, die ihm beim Vorbeifahren fröhlich zuwinkten. Er winkte nicht zurück. Blickte stur auf die Fahrbahn.

Wenig später bog er in die steile Auffahrt zu ihrem auf einem Hügel gelegenen, reichlich heruntergekommenen Haus ein, parkte direkt davor, stieg aus und ging durch den vertrockneten Vorgarten zur Tür. Ein grüner Daumen hätte hier genauso Not getan wie die gründliche Renovierung der verwitterten Bausubstanz. Aber weder für das eine noch für das andere war genügend Geld und Lust bei den drei Hausbewohnern vorhanden. Jetzt, nach dem endgültigen Aus der Metzgerei, würde das auch sicher nicht anders werden. Bisher hatte Bernhard wenigstens seinen Lohn als Metzgergeselle nach Hause gebracht und Hubert Neumaier hatte darüber hinaus seiner von ihm getrennt lebenden Frau eine monatliche Zahlung aus dem früher gemeinsam angesparten Vermögen überwiesen. Beides würde es ab sofort nicht mehr geben. Und Georg? Der besaß kein Geld. Hatte nie welches besessen, obwohl er der ältere Bruder von beiden war.

Noch bevor er seinen Schlüssel ins Schloss stecken konnte, öffnete ihm Maria Neumaier in ihren grauen Filzpantoffeln und der obligatorischen dunkelblauen Kittelschürze, die ihre eigentlich immer noch ansehnliche schlanke Figur verbarg. »Bernhard, was machst du denn hier? Ich denke, du hilfst deinem Vater in der Metzgerei.« Sie hob erstaunt die schmalen Brauen über den, trotz der vielen Jahre des Leides und des Kummers, immer noch wunderschönen blauen Augen.

»Jetzt nicht mehr.« Er senkte seinen Blick. Brachte es einfach nicht fertig, sie direkt anzusehen.

Er hatte ihre Augen. Genau wie sein Bruder Georg. Was den Mädchen an beiden gefiel. An Georg noch mehr, weil er, anders als Bernhard, außerdem blendend aussah. Hubert Neumaier hatte im Gegensatz zu ihnen allen dunkelbraune, fast schwarze Augen gehabt. Warum habe ich zu all meinem Elend auch noch so hässliche Augen?, hatte er sich fortwährend beschwert. Meine ganze Familie hat schöne blaue Augen und ich muss mit diesen dunklen Kohlen im Gesicht herumlaufen. Es ist eine Verschwörung. Jawohl.

»Was hast du denn, Junge? Mit dir ist doch was.« Sie hatte es Bernhard schon immer angesehen, wenn ihm etwas auf der Seele lag.

»Lass uns reingehen, Mama.« Er drückte sich an ihr vorbei und begab sich geradewegs durch den spärlich eingerichteten Flur ins Wohnzimmer hinüber.

Sein Bruder Georg fläzte barfuß in grauen Boxershorts und weißem T-Shirt auf der zerschlissenen grünen Eckgarnitur und rauchte genüsslich einen Joint, während er sich ein Video ansah. Irgendetwas mit infernalisch lauten Explosionen, Aliens und Raumschiffen. Wenn Georg nicht gerade jointrauchend Action- oder Science-Fiction-Filme im Wohnzimmer anschaute, lag er entweder im Bett und rauchte einen Joint oder er tat es im Garten oder auf dem Balkon. Manchmal lag er auch am Chiemsee am Strand und rauchte dort, bis er abends zum Koks überging, damit er wieder wach genug war, um Mädchen anzubaggern.

Außer irgendwo herumzuliegen, Joints zu rauchen, zu koksen oder Mädchen anzubaggern, tat Georg nichts. Maria Neumaier unterstützte ihn nach Kräften dabei. Schließlich hatte ihr erklärter Liebling in München drei Semester Kunstgeschichte studiert und würde später wichtige Bücher für die Nachwelt schreiben. Sie selbst hatte keine höhere Schule besucht, da sollte wenigstens einer in der Familie seine Chance bekommen. Bernhard glaubte nicht daran, dass sein Bruder jemals auch nur einen weltbewegenden Satz zu welchem Thema auch immer zustande bringen würde.

»Servus, Bruderherz«, begrüßte ihn Georg gutgelaunt. »Keinen Bock auf Arbeit? Recht hast du.« Er hob seinen Hintern von der Couch, furzte ausgiebig und lachte laut.

»Ich mach mal das Fenster auf«, erwiderte Bernhard unbeeindruckt. Schließlich kannte er das Benehmen seines Bruders seit Kindertagen. »Kannst du das kurz leise machen? Ich habe euch etwas Wichtiges zu sagen.«

»Etwas Wichtiges? Was kann wichtiger sein als die Eroberung fremder Welten?«, erkundigte sich Georg, ohne den Blick von seinem Film abzuwenden. Er zog kräftig an dem schultütenähnlichen Glimmstängel in seiner Hand.

Bernhard setzte sich auf Opas alten braunen Fernsehsessel und bat seine gerade hereinkommende Mutter sich ebenfalls zu setzen. Sie nahm bei Georg auf dem Sofa Platz. Als sie ihn bittend anlächelte, schaltete er endlich den Ton leise.

»Also, Bruderherz. Was gibt's?«, erkundigte er sich danach.

»Frag mich lieber, was es nicht mehr gibt, Schorsch?«

»Ist etwas mit der Metzgerei? Muss dein Vater zumachen? Ist sie abgebrannt? Nun sag doch schon, Junge.« Maria setzte sich ruckartig auf und blickte ihn gespannt an.

»Die Metzgerei steht noch. Aber …« Bernard zögerte.

»Aber?« Sein Bruder zog erneut mit aller Kraft an seinem Joint und bekam prompt einen heftigen Hustenanfall.

»Der Alte steht nicht mehr.«

»Wie? Ist er krank?« Georg keuchte die Worte mehr als dass er sie aussprach.

»Nein.«

»Was ist denn nun mit Hubert?« Maria klang beunruhigt.

»Er ist tot.« Jetzt war es heraus. Bernhard senkte den Blick.

»Was echt? Der Alte hat die Biege gemacht? Wie denn das?« Georg machte große Augen.

»Die Polizei meint, dass er absichtlich im Kühlhaus erfroren ist.«

»Du meinst … Selbstmord?«, fragte Maria. Sie schlug erschrocken die Hand vor den Mund.

»Sieht so aus, Mama.« Bernhard nickte.

»Oh, mein Gott.«

»Gott sei Dank ist er weg.« Georg setzte sich auf. Er drückte den heftig rauchenden Filter seines Joints so schnell er konnte im Aschenbecher aus.

»Georg, bitte«, empörte sich Maria.

»Ist doch wahr. Der hat sich doch ein Leben lang einen Scheißdreck um uns alle gekümmert«, schimpfte er.

»Das stimmt wohl. Aber er war immerhin euer Vater.« Sie bedachte beide Söhne mit einem langen nachdenklichen Blick.

Bernhard war egal, was sie über den toten Vater dachten. Sollten die beiden doch machen, was sie wollten. Er hatte auf der Fahrt hierher mit seinem Leben im schönen Chiemgau abgeschlossen. Jetzt wo der Vater nicht mehr war, hielt ihn hier nichts mehr. Schon bald würde er abhauen. Australien, Südamerika, Afrika, irgend so etwas. Tüchtige Metzgergesellen brauchte man überall auf der Welt. Er stand auf und trat auf die sonnige Terrasse hinaus.

»Schau mal, Mama. Super, oder?« Babs zeigte ihrer Mutter stolz ihre frisch manikürten Hände.

»Schwarze Fingernägel? Geh, du spinnst doch, Babs. Wie schaut denn das aus?« Eva Bauer schüttelte missbilligend den Kopf.

»Das hätte mich auch gewundert, wenn du auch nur einmal etwas gut findest, was ich mache«, polterte Babs los. Jedes mal war es dasselbe. Sie freute sich über etwas und ihre Mutter machte es ihr madig. Dabei hatte sie sich die Nägel extra passend zu ihrem schwarzen Dirndl lackieren lassen. »Der Sepp macht immer alles richtig. Aber ich kann es dir anscheinend nie recht machen.« Sie nahm ärgerlich ihr Besteck zur Hand und schnitt sich ein Stück von dem kalten Schweinebraten ab, den ihre Mutter zum Abendessen aufgeschnitten hatte.

»Geh, Babs, sei nicht kindisch. Das stimmt doch gar nicht. Aber schwarze Fingernägel ... und dazu auch noch das schwarze Kleid ... Du siehst aus wie der reinste Trauerkloß. Herbert, was sagst du denn dazu? Sag doch auch mal was. Nie sagst du was.« Eva sah ihren Mann erwartungsvoll an.

»Lass doch die Babs machen, was sie will, Eva«, erwiderte ihr kräftig gewachsener Ehemann vom anderen Ende des großen Esstisches aus. »So schlecht schaut es doch gar nicht aus.« Er strich sich vergnügt über seinen weißen Vollbart. Natürlich liebte er seine Tochter über alles. Genau wie seinen Sohn. Und er wusste, dass es seiner Frau nicht anders ging, auch wenn sie Babs gegenüber manchmal besonders kritisch war.

»Na, siehst du.« Babs bedachte ihre Mutter mit einem giftigen belehrenden Blick. »Wo bleibt der Sepp überhaupt?«

»Er ist schon da!«, ertönte es von der Wohnzimmertür aus. »Hübsche Hochsteckfrisur, Schwesterherz. Ah! Kalter Braten, genial! Ihr habt doch hoffentlich noch nicht angefangen.«

»Natürlich nicht.« Babs legte schnell ihre Gabel aus der Hand.

»Glaub ich dir nicht«, meinte Sepp mit einem breiten Grinsen auf ihren Teller deutend, während er sich, immer noch im Dienstanzug, zu ihnen setzte.

»Ich hab nur schon mal probiert.« Babs grinste ertappt zurück. »Ich habe dich gar nicht reinkommen gehört. Hast du dich etwa angeschlichen und uns belauscht.«

»Nein. Detektive gehen generell auf leisen Sohlen. Trotzdem freut es mich, dass ich alles richtig mache.« Sepp grinste noch ein Stück breiter. Seine Mundwinkel reichten dabei fast von einem Ohr zum anderen. »Sorry, dass ich zu spät komme, aber leider war ein dicker Stau auf der Autobahn.«

»Macht doch nichts, Bub. Wir haben ja noch gar nicht angefangen.« Eva lächelte ihrem Sprössling wohlwollend zu.

»Da! Siehst du? Schon wieder, Mama. Dein Liebling Sepp! Wenn ich zu spät gekommen wäre, hättest du sicher wieder einen Spruch parat gehabt.« Babs schüttelte vorwurfsvoll den Kopf.

»Jetzt hör halt mit dem kindischen Schmarrn auf, Babs. Das ist ja lächerlich.« Eva legte eine extra große Portion Fleisch und extra viel Meerrettich auf Sepps Teller. »Für einen Stau kann der Bub doch nichts.«

»Ja, ja.« Babs senkte den Kopf und konzentrierte sich auf ihr Essen.

Sie wusste, dass sie ihre Mutter in hundert Jahren nicht dazu bringen würde, zuzugeben, dass sie Sepp schon immer bevorzugte. Früher war es sogar noch schlimmer gewesen. Andauernd hatte es Sepp hier und Sepp da geheißen. Wehe, der Ärmste hatte sich einmal beim Faulenzen auf der Couch den Finger verstaucht. Da musste man Eva mit aller Gewalt davon abhalten, ihn auf der Stelle in die Notaufnahme nach Traunstein oder Rosenheim [17] zu fahren.

»Eben, Babs. Da kann ich wirklich nichts dafür.« Der *Bub* saß vor seinem üppig beladenen Teller und grinste weiter. Er ließ sich die besondere Zuwendung seiner Mutter gerne gefallen. Schon allein deshalb, weil sich seine große Schwester so herrlich darüber aufregen konnte. Und wenn dabei auch noch die größten Portionen beim Essen für ihn abfielen, umso besser.

»Lasst uns lieber essen.« Herbert stopfte sich

umständlich einen Zipfel seiner weißen Stoffserviette in den großkarierten Hemdkragen. Die seitlichen Enden klemmte er links und rechts unter seine Hosenträger.

»Ihr habt recht. Ich bin kindisch. Tut mir leid.« Babs musste lachen. Das Ganze war auch wirklich zu blöd. Wenn überhaupt, musste sie in dieser Angelegenheit eine andere Taktik wählen. Vor allem durfte sie sich nicht so offensichtlich dem Wohl und Wehe ihrer Mutter aussetzen. Das war doch nur Wasser auf deren Mühlen. Also Schluss damit. Anderes Thema. »Wie bist du denn mit dem Fall Neumaier vorangekommen, Sepp?«

»Den haben wir gelöst.«

»Nein? So schnell?«

»Der Bub kann halt was. Sag ich doch schon immer.« Eva lächelte stolz.

»Ist ja schon recht, Mama. Wir wissen es alle.« Babs verdrehte genervt die Augen. »Also, erzähl schon«, wandte sie sich an ihren Bruder.

»Ich fang am besten von vorne an. Okay?«

»Logisch.« Babs nickte zustimmend. »Der kalte Braten ist übrigens ein Gedicht, Mama.«

»Danke, mein Kind. Freut mich.« Eva tätschelte ihr versöhnlich die Hand.

Na also, ging doch.

»Also, es war so«, fuhr Sepp fort. »Wir haben die Neumaiers besucht, seine Frau oder besser gesagt Exfrau Maria und ihre zwei Söhne. Georg und Bernhard.«

»Und?«

»Geduld.« Sepp tupfte sich mit seiner Serviette den Mund ab. »Erst mal zu dir, Miss Marple. Gratulation.«

»Gratulation?« Seine Schwester sah ihn mit großen Augen an.

»Ja. Du hattest recht. Hubert Neumaier wurde ganz eindeutig in den Kühlraum gesperrt und ist jämmerlich darin erfroren.«

»Also kein Selbstmord?«

»Kein Selbstmord.« Er schüttelte den Kopf.

»Habt ihr Blutspuren an der Tür gefunden?«

»Ja. Jemand hatte versucht, sie mit einem Lappen zu beseitigen, aber das blaue Licht hat sie an den Tag gebracht.«

»Genial.« Babs ballte ihre Hand zur Beckerfaust. »Und dieser Bernhard hat ihn am Morgen wirklich bei offenstehender Kühlraumtür tot aufgefunden.«

»Ja, Hubert war laut der Rechtsmedizin von acht Uhr abends an dort drinnen.«

»Bis er steifgefroren war wie ein Kotelett im Tiefkühlfach. Gruselig.« Sie schluckte mit leerem Mund.

»Genau.«

»Und wer hat ihn eingesperrt?«

»Darauf wollte ich gerade kommen. Wir haben die Hinterbliebenen besucht. Meistens stammen die Täter ja aus dem direkten Umfeld der Opfer. Alle drei hätten guten Grund gehabt, den unleidlichen Hubert loszuwerden.«

»Da schau her, die liebe Familie.« Babs blickte humorlos grinsend in die Runde.

Ihr Vater grinste amüsiert zurück.

»Genau«, fuhr Sepp fort. »Vor allem der älteste Sohn Georg hatte ein Motiv. Er hasste seinen Vater ganz offensichtlich, hat überall nur schlecht über ihn geredet. Auch bei den Nachbarn.«

»Und? War er es?« Babs rutschte unruhig auf ihrem Stuhl hin und her.

»Die Nachbarn meinten wiederum, Georg wäre stinkfaul und würde den ganzen Tag lang nur sein holländisches Blödmachzeugs rauchen«, fuhr Sepp fort, ohne auf ihre Frage zu achten. »Ich habe mir den Burschen also vorgenommen, nachdem ich aus seinem schweigsamen jüngeren Bruder nichts herausbekommen hatte.«

»Der Bernhard wäre auch schön dämlich gewesen, wenn er es gewesen wäre und dann die Polizei angerufen hätte. So blöd ist doch niemand.«

»Eben.«

»Und dieser Georg?« Babs hielt es vor Spannung fast nicht mehr aus. »Hat er seinen Vater nun ins Kühlhaus gesperrt?«

»Erst wollte er mit gar nichts rausrücken.«

»Und dann?«

»Dann hat er gesagt, dass er es nicht war. Ein Alibi hatte er auch noch vorzuweisen. Er war auf einer Party in Waging 18. 30 Zeugen haben ihn dort gesehen.« Sepp schob genüsslich eine große Portion von dem frisch geraspelten Meerrettich auf seine Gabel und hob sie zum Mund.

»Das nennt man wasserdicht.« Babs schüttelte unmerklich den Kopf.

»Genau«, erwiderte Sepp, nachdem er heruntergeschluckt hatte.

»Und dann?«

»Dann habe ich die Mutter befragt, Maria Neumaier. Sie hatte im Gegensatz zu ihrem missratenen Sprössling kein Alibi.«

»Aber sie kann es nicht gewesen sein.«

»Warum?«

»Ich habe gehört, dass sie längst getrennt von ihrem Mann lebte. Wieso hätte sie ihn da umbringen sollen?«

»Kinder, vergesst vor lauter Ratschen das Essen nicht.« Eva stand auf und ging in die Küche, um noch mehr Brot zu holen.

»Tja, Miss Marple. Dann wird es wohl höchste Zeit für die Wahrheit, damit wir in Ruhe weiteressen können.« Sepp tupfte sich erneut den Mund mit seiner Serviette ab. Ganz langsam. Dann setzte er einen bedeutsamen Blick auf.

»Jetzt mach es halt nicht so spannend, Bruderherz. Wer war's?«

»Maria Neumaier ist am Montagabend, also gestern, um acht Uhr zu ihrem Mann in die Metzgerei gefahren. Sie hatte die Scheidungspapiere dabei und wollte, dass er sie unterschreibt.«

»Na und? So etwas ist doch ganz normal«, mischte sich Herbert schmatzend und kauend ins Gespräch. Es war an der Zeit, dass er auch etwas sagte, dachte er. Bevor man seine Anwesenheit am Tisch noch ganz vergaß.

»Du willst dich aber nicht scheiden lassen, Papa? Oder?« Babs lächelte ihren Vater warmherzig an.

»Natürlich nicht. Leider.« Er grinste frech.

Im selben Moment kehrte Eva aus der Küche zurück. »Was tust du leider nicht?«, erkundigte sie sich mit spitzem Tonfall bei Herbert, nachdem sie das Brot auf dem Tisch abgestellt hatte.

»Nichts, passt schon, Eva. Wir erfahren gerade, wer der Mörder war.« Er zeigte auf Sepp.

»Ach so. Dann lass dich nicht stören, Bub.« Sie setzte sich und nickte ihrem Sohn aufmunternd zu.

»Aber er wollte nicht unterschreiben«, fuhr Sepp ansatzlos fort.

»Woher weißt du das?«, wollte Babs wissen.

»Sie hat es mir gesagt.«

»Ach so, klar. Und dann.«

»Sie haben gestritten. Dabei hat er sich so aufgeregt, dass er einen Schnaps gebraucht hat. Wenig später ist er mitsamt der Flasche im Kühlraum verschwunden, um sich wieder einzukriegen. Er hat das immer so gemacht, wenn er zu sehr ausgeflippt ist.«

»Und sie ist ihm nach und hat die Tür von außen verschlossen?« Babs sah ihn gespannt an.

»Und hat sie erst um sechs Uhr morgens wieder geöffnet.« Sepp nickte langsam. »Sie war wieder zuhause, bevor ihr Sohn Bernhard zur Arbeit in die Metzgerei losfahren musste.«

»Und das hat sie dir alles einfach so erzählt?«

»Erst hat sie geschwiegen. Aber nachdem ich ihr minutiös beschrieben hatte, wie grausam so ein Tod sein muss, ist sie eingebrochen und hat gestanden.«

»Schrecklich, die eigene Frau«, flüsterte Eva.

»Brutal«, meinte Herbert.

»Unterschätze nie die Mütter«, wusste Babs.

Verhaltenes Gelächter am Tisch folgte. Dann nahm sich jeder noch eine zweite Portion, weil es heute wieder einmal gar so gut schmeckte.

FREIZEITTIPPS:

10 Tipp 18-21: Chieming: Beliebter Urlaubsort am Ostufer des Chiemsees, durch den einst eine Römerstraße führte. Sehenswert: Schloss Neuenchieming, heute in Privatbesitz, St. Laurentius Kirche, Isinger Pferdemuseum, historische Dorfführungen.

11 Tipp 22-26: Grassau am Chiemsee. Sehenswert: Bayerisches Moor- und Torfmuseum im Ortsteil Rottau, Salz- und Moormuseum Klaushäusl, die einzige erhaltene Pumpstation an der ehemaligen Soleleitung von Berchtesgaden nach Rosenheim, Pfarrkirche Mariä Himmelfahrt, sie gehört zu den beeindruckendsten und kunsthistorisch wertvollsten Gotteshäusern des gesamten Chiemgaus, Rottauer Wasserfall, eine knappe halbe Stunde Fußweg von Rottau aus.

12 Tipp 27: Wallfahrtskirche St. Florian in Greimelberg. Auf einem grünen Hügel gelegene, vermutlich vom Beginn des 15ten Jahrhunderts stammende Kirche, die neben einer heilenden Quelle erbaut wurde, deren Wasser gut gegen Augenleiden sein soll. Trauungen, Hochzeiten und Pfarrwallfahrten finden hier bis heute statt.

13 Tipp 28-29: Seebruck. Netter kleiner Badeort mit Hotels und Pensionen direkt am Nordufer des Chiemsees. Viele sportliche Aktivitäten möglich.

Sehenswert: Das Römermuseum Bedarium enthält Fundstücke, die in den letzten Jahrzehnten bei Seebruck ausgegraben wurden.

14 Tipp 30-33: Unterwössen. Hier hat Papst Bendikt XVI bereits an die 30 Mal Urlaub gemacht. Das Wahrzeichen von Unterwössen ist der Rathausbrunnen mit dem »Wössner Blaß«, einem Pferdekopf, der auch auf dem Wappen des früheren Pferdezuchtortes zu sehen ist. Zahlreiche Bergbahnen in der Nähe führen zum Beispiel auf das Dürnbachhorn oder nach Hochkössen. Beliebt sind auch Angeln am Wössner See oder an der Tiroler Ache.

15 Tipp 34-39: Tittmoning: Nette historische Stadt an der Salzach, nahe der Deutsch-Österreichischen Grenze, nordöstlich vom Chiemsee. Sehenswert: Historischer Stadtplatz in der Inn-Salzach-Bauweise, Burg Tittmoning. Imposante gut erhaltene Burganlage, mit deren Erbauung 1234 als einstigem Schloss begonnen wurde. Burghof-Konzerte. Lohnend auch das Gerbereimuseum, das in der Burg untergebracht ist. Schöne Altstadt. Straßenfeste und traditionelle Märkte wie der Fastenmarkt, Barbaramarkt und der Kathreinmarkt, Kabarett und Heimatbühne.

16 Tipp 40: Hochstaufen: 1.771 Meter hoher Felsberg zwischen Bad Reichenhall, Piding und Anger. Wunderbarer Rundblick zu den Berchtesgadener

Alpen vom Gipfel aus. Schaurig: Im September 1993 wurde das Wirtsehepaar des Reichenhaller Hauses bei einem Raubüberfall ermordet.

17 Tipp 41-46: Rosenheim. Kreisstadt im Unterinntal, westlich des Chiemsees. Sehenswert sind vor allem die Altstadt mit dem historischen Marktplatz (Fußgängerzone), das Ausstellungszentrum Lockschuppen, die Skulpturen im Salingarten, die Kunstmühle, der Mangfallpark, der »grüne Markt« auf dem Ludwigsplatz (Do. bis Sa. Von 7:00 Uhr bis 14 Uhr). Hier bekommt man landfrische Produkte wie Eier, Käse, Obst, Gemüse usw. direkt vom Erzeuger. Des Weiteren kann man das Rosenheimer Rathaus besichtigen, in dem die ZDF-Serie Rosenheim Cops gedreht wird. Auch andere Spielorte der Kriminserie können besichtigt werden.

18 Tipp 47-49: Waging am See. Netter kleiner Urlaubsort an einem der wärmsten Badeseen Oberbayerns. Segeln, Campingplatz, Bajuwarenmuseum, Burgruine »Obertettelham«, faszinierende Wanderungen durch das Hochmoor.

HÜTTENZAUBER

»Wann sind wir denn endlich da?«, Biene Meierhofer schnaufte schwer. Kein Wunder mit ihrem Gewicht von fast 100 Kilo bei einer Körpergröße von 1,70. Zu allem Überfluss ging es im Moment auch noch steil bergauf.

Babs Bauer, die mit der dunkelhaarigen Gerda Breitwieser an der Spitze der sieben Frauen starken Truppe voranschritt, bewunderte Biene dafür, dass sie es überhaupt so weit hinauf geschafft hatte. Sie ließ sich zurückfallen und marschierte neben der ehemaligen Miss Chiemgau mit den großen blauen Kulleraugen weiter. »Soll ich deinen Rucksack nehmen, Biene? Meiner ist nicht so schwer.«

»Nein, danke, Babs. Ich schaffe das schon. Wenn ich mein eigenes Zeug nicht mehr tragen kann, dann kann ich bald ganz aufhören.« Biene, die schon seit langem nicht mehr an Schönheitswettbewerben teilnahm, lächelte dankbar und tapfer zugleich. »Seit meiner letzten Schwangerschaft kriege ich das Gewicht einfach nicht mehr runter. Ich hasse mich langsam selbst dafür.« Sie zeigte auf die Speckrollen an ihren Hüften und auf ihren wohlgenährten Po, den sie in eine hautenge schwarze Stretchhose gequetscht hatte. Offenbar war sie der Meinung, dass sie darin schlanker wirkte.

»Du solltest dich nicht hassen, sondern einfach ein bisschen weniger Schokolade essen und dich mehr bewegen. Dann klappt es auch mit dem Abnehmen.

Schon nächstes Jahr gewinnst du die Wahl zur Miss Bayern. Du wirst sehen.« Die gertenschlanke, durchtrainierte, seit Jahren Schweinsbratendiät haltende Babs in T-Shirt, Shorts und Leichtbergschuhen, tätschelte ihr aufmunternd die Schulter.

»Ich weiß nicht.« Biene schüttelte zweifelnd den Kopf. Sie hatte vor zwei Stunden unten im Tal einen breitkrempigen Sonnenhut aufgesetzt, wegen ihrer empfindlichen Gesichtshaut und aus Angst vor einem Sonnenstich. Doch nachdem sie darunter gerade immer schlimmer schwitzte, nahm sie ihn kurzerhand ab.

»Aber ich. Und jetzt gib schon deinen Rucksack her. Auf geht's.« Babs blieb stehen.

»Na gut.« Biene hielt ebenfalls an und entledigte sich erleichtert aufatmend ihrer schweren Last.

Babs, Biene und die konditionsstarke Gerda waren gemeinsam mit ihren ehemaligen Schulfreundinnen Franziska Maier, Maria Behrbach, Monika Lechner und Hanna Grüner auf dem Weg zu einer einsamen Berghütte oberhalb von Niederndorf bei Kufstein 19 in Tirol. Dort sollte zum ersten Mal seit ihrem gemeinsamen Abitur inmitten der herrlichen Bergwelt mit ihren bunten Almwiesen, schroffen Felsen und hochgewachsenen Bäumen ein ausgiebiges Wochenendtreffen der ganzen damaligen Clique abgehalten werden. Keine Männer, keine Handys, kein Stress. Nur Geschichten von früher, spannende Neuigkeiten und Erholung. Kunstpädagogin Gerda, die aus purem Zufall genau wie Monika ein rot-weiß kariertes Hemd zur knielangen Wanderhose trug, war letztes Weihnachten beim Betrachten alter Fotos auf die Idee gekommen. Sie hatte sie alle spontan angeschrieben und die Hütte dann auf ihre begeisterten Zusagen hin bereits im Frühjahr gebucht.

Das Wetter hätte für Ende September nicht besser sein können. Sonnig und warm, gerade recht zum Wandern. Die beeindruckende, im sanften Herbstlicht daliegende Landschaft tat ihr Übriges, um ausgelassene Urlaubsstimmung unter den Frauen aufkommen zu lassen. Immer wieder ergaben sich atemberaubende Ausblicke auf den mit seiner wilden Seite gegenüber aufragenden Zahmen Kaiser [20] oder auf den Durchbruch des Inntals. Munter plaudernd bewältigten sie einen Höhenmeter nach dem anderen. Außer Babs und Hanna waren inzwischen alle von ihnen verheiratet.

Biene hatte drei Kinder, zwei Mädchen, Nina siebzehn und Monika fünfzehn Jahre, und einen späten Nachzügler, den sechsjährigen Hansi. Sie war bald nach dem Abi mit ihrem Heiner nach Burghausen [21] gezogen, wo er bei einem Chemiekonzern als Techniker arbeitete und sie seit fünf Jahren halbtags im Supermarkt frische Backwaren verkaufte. Jeder hatte ihr nach ihrem Titel der Miss Chiemgau eine fantastische, erfolgreiche Zukunft vorrausgesagt. Aber wie das Leben manchmal so spielte, war ihre Liebe zu Heiner damals stärker gewesen und sie hatte sich fürs Familienleben entschieden. Manchmal bereute sie das heute ein wenig. Vor allem wenn sie und Heiner wegen des Geldes stritten, von dem ab Mitte des Monats immer zu wenig da war. Insgesamt gesehen war sie jedoch glücklich und zufrieden damit, wie es für sie gekommen war. Das Haus, in dem sie am Ortsrand lebten, war geräumig und gemütlich und ihre Kinder waren ihr ganzer Stolz.

Die kleine blonde Franziska, die mit ihrem Franz, einem Österreicher, in ihrer gemeinsamen Pension in Walchsee [22] lebte, hatte einen großen Jungen, den achtzehnjährigen Günter. Er würde nächstes Jahr im Gymnasium in Kufstein seine Matura machen. Monika lebte als Hausfrau und Mutter am Schliersee [23]. Sie hatte vor drei Jahren ein Mädchen geboren, nachdem sie ein Jahr zuvor in ihrem geliebten Bernd noch spät den Mann fürs Leben gefunden hatte. Babs, Gerda, die Architektin Maria und die Gymnasiallehrerin Hanna, Deutsch und Geschichte, hatten keine Kinder.

»Schaut mal.« Gerda zeigte auf das weiße überraschend große Haus, das ungefähr 50 Meter über ihnen lag. »Das muss es sein. Gleich sind wir da, Mädels.«

»Gott sei Dank!«, kam es unter lautem Ächzen und Stöhnen von Biene. »Ich hätte auch keinen weiteren Meter mehr geschafft.«

»Das kann man wohl kaum eine Hütte nennen«, meinte Babs. »Schaut eher aus wie ein kleiner Palast.«

»Na, und? Umso besser.« Monika grinste fröhlich. »Dann bekommt jede wenigstens ihr eigenes Zimmer.«

»Ach, du magst uns wohl nicht in deiner Nähe haben, gnädige Frau Lechner?«, scherzte Franziska.

»Doch. Aber schlafen tu ich am liebsten allein.« Monika blickte nach wie vor nicht ganz ernst drein.

»Ach, wirklich? Und was sagt dein Mann dazu?«

»Der freut sich, wenn er ausnahmsweise zu mir ins Schlafzimmer darf.«

Allgemein fröhliches Gelächter.

»Wenn wir einen Zahn zulegen, können wir oben gleich noch den Sonnenuntergang genießen«, trieb die blonde großgewachsene Maria, die gleich hinter Gerda ging, ihre Mitstreiterinnen an.

»Das schaffen wir auch so«, meinte Biene.

»Und der Sundowner, den wir zum Genießen brauchen, steckt in meinem Rucksack,« verkündete Babs.

»Super. Was hast du denn dabei?« Hanna drehte sich um und sah Babs neugierig aus ihren im Sonnenlicht dunkelgrün funkelnden Augen an. Vor drei Jahren hatte sie ihre Chemotherapie erfolgreich beendet. Alles wieder gut, hatten die Ärzte gemeint. Doch seitdem war ihr leuchtend rotes Haar längst nicht mehr so voll wie früher. Damit dies nicht so auffiel, trug sie einen Bubikopf, der ihrem Aussehen jedoch nicht den geringsten Abbruch tat. Im Gegenteil, er stand ihr hervorragend. Auch bei ihren Schülern im Gymnasium in Trostberg 24 kam er bestens an.

»Wird noch nicht verraten. Nur soviel, er wirkt garantiert.«

»Also harte Drogen«, stellte Franziska trocken fest.

»Wartet es ab.« Babs grinste geheimnisvoll.

Als sie endlich an ihrem Ziel ankamen, legten alle erst einmal ihre Rucksäcke ab und ließen sich erschöpft auf den langen Bierbänken vor dem Haus nieder. Ausschnaufen. Gerda erhob sich bald wieder, sperrte die Tür auf, trat ein und öffnete von innen die großen

Fensterläden. Den Schlüssel hatte sie im Tal beim *Alten Wirt* bekommen. Der Vermieter hatte ihn dort deponiert, weil er selbst den ganzen Herbst über in der Karibik weilte, wie er ihr am Telefon erklärt hatte.

»Kommt rein, Mädels. Das müsst ihr unbedingt sofort sehen.« Sie winkte die anderen von der Tür aus herbei.

»Wahnsinn!«, staunte Babs, nachdem sie neugierig zu ihr geeilt war und durch die Tür gelugt hatte. »Das ist nicht mehr wie früher mit den Berghütten, was?«

Sie traten ein und befanden sich in einem dank der großen Fenster hellen, lichtdurchfluteten Raum. Zu ihrer Linken befand sich eine großzügige Couchgarnitur aus schwarzem Nappaleder nebst gläsernem Couchtisch und verglastem Kamin. Weiter hinten im Raum stand ein riesiger weißer Esstisch mit verchromten Beinen, an dem locker zehn Leute Platz hatten. Zu ihrer Rechten war die Küche, in die drei oder vier füllige Fernsehköche auf einmal gepasst hätten. An den Wänden hingen geschmackvolle Stiche und eine Treppe, die zu den Schlafzimmern hinaufführte, gab es natürlich auch.

»Super! Im Internet hat es nicht so groß ausgesehen«, freute sich Gerda. »Also gut. Ich verrate es euch jetzt: Jede von uns hat ihr eigenes Schlafzimmer. Aber es gibt, wie gesagt, kein Telefon, keinen Fernseher, keinen Handyempfang. Was sagt ihr?«

»Genial!«, platzte es aus Babs heraus.

»Gott sei Dank!« Monika warf mit einem gekonnten Schwung ihr langes hellbraunes Haar nach hinten.

»Hätte ich nicht gedacht«, meinte Hanna.

»Gut gemacht, Gerda.« Maria klopfte ihr anerkennend auf die Schulter.

»Schaut euch nur den riesigen Herd an. Da kann man für eine ganze Kompanie kochen.« Biene machte große Augen.

»Aber nicht essen wie eine Kompanie, Biene.« Franziska stieß ihr kumpelhaft den Ellenbogen in die hüftvergoldete Seite.

»Natürlich nicht.« Babs lachte alle beide an. »Was haltet ihr jetzt von einem anständigen Drink?«

»Sehr viel.« Gerda sah sehr durstig aus.

»Einen Moment, bitte.« Babs verschwand nach draußen, wo immer noch ihre Rucksäcke lagen. Drei Minuten später war sie mit frisch aufgelegtem Lippenstift und einer schmalen Kühltasche zurück. Sie zauberte zwei eiskalte Flaschen Prosecco sowie eine Flasche Orangensaft daraus hervor.

»Und dann hast du auch noch mein Gepäck geschleppt? Du bist ja verrückt, Babs.« Biene errötete peinlich berührt.

»Passt schon, Biene. Wenn wir uns nächstes Jahr wieder treffen, darfst du dich revanchieren. Okay?«

»Okay.« Die ehemalige Miss Chiemgau lächelte erleichtert.

»Prosecco! Genial!« Maria machte einen kleinen Freudensprung. »Ich hole schnell Gläser.« Sie spurtete in die Küche hinüber.

»Ich helfe dir.« Hanna eilte ihr hinterher. »Für einen guten Prosecco tue ich fast alles.«

Wenig später saßen die sieben Ehemaligen aus dem Ludwig-Thoma-Gymnasium in Prien vor dem Haus und genossen ihre Getränke zur blutrot am Horizont untertauchenden Sonne.

Babs schrak aus dem Schlaf. War da etwa jemand in ihrem Zimmer? Sie ließ die Augen geschlossen und lauschte mit angehaltenem Atem in die Dunkelheit. Nichts. Weiter beunruhigt machte sie Licht und blickte sich im Raum um. Immer noch nichts. Keiner da. Blinder Alarm. Bestimmt hatte sie das heftige Gewitter draußen geweckt. Sie sah auf ihre schmale Armbanduhr, die sie vor dem Schlafengehen auf das kleine Nachtkästchen neben ihrem bequemen Bett gelegt hatte. Vier Uhr. Also noch nicht aufstehen, sondern weiterschlafen. Gott sei Dank. Sie hatte Kopfschmerzen. Kein Wunder, es war nicht beim Prossecco geblieben. Die anderen hatten ebenfalls alle etwas zu trinken mitgebracht. Wein, Likör, Sekt. Zuletzt hatte ihnen Maria zu allem Überfluss auch noch Wodka Redbull bis zum Abwinken kredenzt. Erst gegen zwei war der feuchtfröhliche Abend zu Ende gegangen.

Mist. Sie war wach. Konnte nicht wieder einschlafen. War es wirklich ein Donnerschlag gewesen, der sie gerade geweckt hatte oder der gellende Schrei in ihrem Traum? Er klang ihr immer noch in den Ohren. Moment mal. Was wenn sie gar nicht geträumt hatte? Im Haus war nach wie vor alles ruhig. Doch die Sache ließ ihr keine Ruhe. Der Schrei hatte sich nach einer Frau angehört, absolut realistisch. So etwas konnte man doch nicht träumen. Sie stand auf, schob den Vorhang beiseite und blickte zum Fenster hinaus. Es schüttete und blitzte, als stünde der Weltuntergang kurz bevor. Sonst war, außer dem gelblichen Lichtschein der Lampe über der Eingangstür, nichts zu erkennen. Kopfschüttelnd legte sie sich wieder hin.

Zehn Minuten später erhob sie sich erneut. Es hatte keinen Sinn, wenn sie wach war, war sie wach. Sie kannte diese Einschlafstörungen seit langem. Sie stellten sich regelmäßig bei ihr ein. Vor allem, wenn sie zu viel gearbeitet oder etwas getrunken hatte, noch dazu koffeinhaltige Limonade mit Schnaps. Normalerweise halfen nur Schlaftabletten dagegen, aber genau die hatte sie nicht dabei.

Heiße Milch mit Honig! Das war's. Ein altes Hausmittel ihrer Mutter. Eine Tasse davon würde ihr bestimmt gut tun, danach würde sie tief und fest schlummern. Als Kind war es jedenfalls immer so gewesen. Sie zog sich an, ging hinunter in die Küche. Moment mal. Wieso war die Lampe vor dem Haus eigentlich an? Sie hatten doch sämtliche Lichter ausgemacht, bevor sie auf ihre Zimmer gegangen waren. Hatten das sogar mehrmals kontrolliert. Leise schlich sie zur Tür und drückte die Klinke hinunter. Es war offen. Eine der anderen musste nach draußen gegangen sein, aus welchem Grund auch immer. Aber was konnte sie mitten in der Nacht dort wollen? Noch dazu bei diesem Wetter. Gruselig, hoffentlich verlief sich die späte Ausflüglerin nicht.

Als Kind hatte Babs einmal im November mit Sepp und den Eltern die Burg Hohenaschau 25 besucht und war dort verloren gegangen. Erst als es bereits dunkel wurde, hatte sie ein Museumsangestellter in einem kleinen Raum im Keller gefunden. Die Eltern und Sepp waren mit ihr auf ihrem Rundgang dort unten gewesen und, ohne weiter auf sie zu achten, wieder hinausgegangen. Sie hatte die schwere Tür, die sie hinter sich ins Schloss fallen gelassen hatten, nicht mehr aufbekommen und die ganze Zeit über um Hilfe gerufen. Geweint hatte sie auch. Bis zum Erscheinen des Mannes, der, wie ihre Eltern und Sepp, nach ihr gesucht hatte, war sie jedoch von niemandem gehört worden. Sie hatte das ihrer Familie lange nicht verzeihen können.

Jetzt holte sie die große Stablampe, die sie am frühen Abend bei der Suche nach einem Korkenzieher in der Küche entdeckt hatte, schnappte sich einen der Regenschirme, die gleich neben dem Eingang bereitstanden und trat zu allem entschlossen vor die Tür.

»Ist da wer?« fragte sie leise, sobald sie draußen im Regen stand. Natürlich wollte sie die anderen nicht aufwecken. Außerdem war es doch reichlich unheimlich, ganz alleine hier draußen im Dunkeln.

Keine Antwort. Nur lautes Regenprasseln, Blitze und Donner. Vorsichtig schlich sie am Haus entlang. Vor fünf Jahren war sie mit Sepp in ein ähnlich bedrohliches Gewitter geraten. Mitten im Fels, auf dem Weg zum Ostgipfel der Kampenwand 26. Überall waren Wolken und Nebel gewesen. Sie hatten sich in einer kleinen Höhle untergestellt und gemeinsam gebetet, dass sie das tobende Inferno rund um sie herum überleben würden. Als das Schlimmste vorüber war, waren sie vor Kälte zitternd eilig zur Steinlinghütte 27 hinuntergestiegen und hatten sich dort erst einmal bei einem Jagertee aufgewärmt.

»Hallo?« Sie leuchtete den glitschigen Boden des Gartens hinter dem Haus ab. Nichts. Aber Moment mal. Was war das? Da drüben bei den Büschen, da lag doch jemand. Sie schaute genauer hin. Du lieber Gott, tatsächlich. Es war eine Frau. Mit roten Haaren.

»Hanna? Bist du das?« Babs klappte eilig den Regenschirm zusammen und lehnte ihn gegen die Hauswand. Dann hastete sie zu dem Körper hinüber, kniete sich daneben und sah sich das Gesicht genauer an.

Es war Hanna. Aber was hatte sie? Sie rührte sich nicht. War sie ohnmächtig? Eine brennend heiße Welle der Panik durchfuhr Babs Körper. Sie kontrollierte Hannas Puls, so gut das bei den gegebenen Verhältnissen möglich war. Nichts. Sie beugte sich, inzwischen selbst nass bis auf die Knochen, zu ihr hinunter und horchte an ihrem Mund, an ihrer Brust. Keine Geräusche zu hören, kein Atem zu spüren. Vorausgesetzt das heftige Gewitter trübte ihre Wahrnehmung nicht. Träumte sie immer noch? Sie kauerte erst einmal eine Weile lang wie betäubt da. Dann kam langsam wieder Leben in ihre Gesichtszüge. Gleichzeitig meldete sich die Hobbydetektivin in ihr zu Wort.

Was mochte hier geschehen sein? War Hannas Krebs schlimmer gewesen als sie gedacht hatte und sie hatte es vorgezogen, ihrem Leben selbst ein Ende zu machen? Babs legte die Hand unter Hannas Kopf, um ihn in ihrem Schoß zu lagern. Dabei bemerkte sie etwas Klebriges an ihrer Hand. Blut? Der Lichtkegel der Taschenlampe bestätigte ihren Verdacht. Hanna musste am Hinterkopf geblutet haben. War sie auf einen Felsen aufgeschlagen? Aber hier beim Haus gab es doch gar keine Felsen. Egal, sie konnte ebenso gut woanders im Dunkeln gestürzt sein, und danach hatte sie sich hierher geschleppt. Oder hatte ihr jemand einen Schlag auf den Kopf verpasst? Wer mochte so etwas tun? Doch nicht eine von ihnen? Völlig unmöglich. Alle hatten sich den ganzen Abend über bestens verstanden, viel gelacht. Da war keine unter ihnen gewesen, die den anderen den Tod gewünscht hätte. Auf keinen Fall. Oder doch? Wer sollte es denn sonst gewesen sein? Ach was. Verflixt noch mal, was sollte sie jetzt bloß tun? Alleine konnte sie hier nicht viel ausrichten. Laut um Hilfe rufend rannte sie ins Haus und weckte die anderen.

Zehn Minuten später hatten sich alle im Aufenthaltsraum versammelt. Nachdem Babs ihnen aufgeregt von ihrem grausigen Fund berichtet hatte, zogen sie sich Regenkleidung über und begaben sich mit ihr in den Garten, um Hanna ins Haus zu tragen. Doch ihre rothaarige Schulfreundin war fort. Dort wo sie im nassen Gras gelegen hatte, ließen keinerlei Abdrücke darauf schließen, dass sie wirklich hier gelegen hatte. Auch Blut war keins zu sehen.

»Verarschen können wir uns selbst, Babs«, brummte Gerda unwillig. »Nicht besonders witzig, uns alle nach dem Gelage gestern mitten in der Nacht aus dem Bett zu holen.«

Die anderen nickten und murmelten zustimmend.

»Aber ich schwöre es euch, sie lag hier und sie war tot«, flüsterte Babs verwirrt und geschockt zugleich. »Überall an ihrem Kopf war Blut. Ich bilde mir so etwas doch nicht ein.«

»Wer weiß? Nach dem ganzen Alkohol vorhin ist alles möglich.« Gerda deutete trotz ihrer schlechten Laune ein leises Lächeln an. »Hat jemand in Hannas Zimmer nachgeschaut?«

»Mach ich sofort«, erwiderte Maria. Sie löste den Blick von dem leeren Gartenstück, auf das sie gemeinsam mit den anderen gestarrt hatte. Dann eilte sie los.

Der Rest der Gruppe folgte ihr ins Haus.

Kaum hatte Franziska, die als letzte hereingekommen war, die Tür hinter sich geschlossen, kam Maria schon wieder mit wehendem Haar die Treppen heruntergestürmt. »Sie ist weg!«, rief sie, noch bevor sie die letzten Stufen genommen hatte. »Hanna ist nicht in ihrem Zimmer.«

Franziska, Gerda, Biene und Monika blickten ihr ungläubig entgegen.

»Gibt es doch gar nicht.« Gerda schien es nicht wahrhaben zu wollen, dass einer von ihnen hier oben etwas zugestoßen sein sollte. Nicht in diesem herrlichen Ferienparadies, das sich momentan zugegebenermaßen nicht besonders idyllisch präsentierte.

»Ich habe dreimal unter ihrem Bett und unter ihrer Decke geschaut, um sicher zu gehen«, erwiderte Maria. »Und in ihrem Bad war ich. Alles leer. Wenn sie sich nicht woanders im Haus versteckt hat, ist sie definitiv nicht hier.«

»Aber wo ist sie dann?« Biene zog ängstlich die Schultern hoch.

»Vielleicht im Keller«, vermutete Franziska.

»Es gibt keinen Keller.« Gerda schüttelte langsam den Kopf.

»Glaubt ihr mir jetzt?« Babs hatte am Esstisch auf einem der schicken Designerstühle Platz genommen. Sie lehnte sich zurück und verschränkte mit einem fragenden Blick aus ihren rot unterlaufenen Augen die Arme vor der Brust.

»Schaut so aus, als hättest du recht. Wahnsinn. Das gibt es doch gar nicht.« Monika lief ein eiskalter Schauer über den Rücken. »Ist euch auch so kalt?«

»Ich mache gleich die Heizung an. Und du hast sie wirklich da draußen liegen sehen?« Gerda schien immer noch nicht so recht zu glauben, was Babs ihnen da Unheimliches aufgetischt hatte.

»So wahr ich hier stehe. Sie lag im Regen und rührte sich nicht mehr. Kein Puls, kein Atem. Aber eine Verletzung am Hinterkopf. Fragt sich nur, woher sie die hat.« Babs setzte ein nachdenkliches Gesicht auf.

»Von mir jedenfalls nicht«, meinte Franziska schnell.

»Von mir auch nicht«, Biene blickte ernst drein.

»Von mir erst recht nicht.« Gerda stemmte energisch ihre Fäuste in die Seiten.

»Es ist gar nicht gesagt, dass es eine von uns war. Obwohl der Verdacht natürlich nahe liegt«, klärte Babs die anderen währenddessen auf. »Vielleicht ist sie irgendwo ausgerutscht und mit dem Kopf auf einen Stein geknallt. Danach hat sie sich mit letzter Kraft in den Garten geschleppt und ist dort an ihren Verletzungen gestorben.«

»Aber da war doch kein Tropfen Blut an der Stelle, die du uns gezeigt hast«, gab Biene zu bedenken.

»Schau doch mal raus. Es schüttet wie aus Eimern. Der Regen hat das Blut garantiert weggewaschen wie nichts. Da rinnen doch richtige kleine Gebirgsbäche durch den Garten.« Babs erhob sich und trat ans Fenster. »Mistwetter. Wo kann sie nur sein?« Und wer hat sie auf dem Gewissen, dachte sie unhörbar weiter.

»Vielleicht ist sie aufgewacht und weggelaufen«, wandte Franziska ein. »Aus Angst oder weil sie keine Orientierung mehr hatte.«

»Nein.« Babs schüttelte energisch den Kopf. »Sie war tot. Ich bin mir so gut wie sicher.«

»So gut wie sicher reicht nicht. Am besten durchsuchen wir das ganze Haus«, schlug die pragmatische Gerda vor.

»Okay. Gehen wir ganz auf Nummer Sicher«, bestätigte Babs. »Also los.«

»Soll ich mir den Schuppen hinter dem Haus vornehmen?«, erkundigte sich Monika.

»Klar«, meinte Babs. »Aber auf keinen Fall alleine. Wer geht mit ihr?« Sie blickte erwartungsvoll in die Runde.

»Ich.« Biene hob die Hand wie in der Schule. Sie grinste schüchtern.

»Du?« Babs wunderte sich über den unerwarteten Eifer, der früher immer eher ängstlichen Ex-Miss-Chiemgau.

»Ja. Wenn Monika dabei ist, habe ich keine Angst. Sie kann Judo. Und ich nehme den Schürhaken vom Kamin mit.« Biene atmete einmal tief ein und langsam wieder aus.

»Na gut. Aber passt auf. Und wenn ihr jemanden seht, schreit ihr sofort so laut ihr könnt. Keine Alleingänge, kein unnötiges Risiko. Okay?«

»Machen wir.« Monika nickte bestätigend. Sie drehte sich um und strebte auf die Tür zu.

Während Biene hinter ihr hereilte, machten sich die anderen daran, das Haus gründlich auf den Kopf zu stellen. Babs durchsuchte den Speicher, Franziska die unteren Räumlichkeiten samt Sauna, Maria und Gerda nahmen jedes ihrer Zimmer im ersten Stock genau unter die Lupe.

Eine halbe Stunde später trafen sich alle im inzwischen gut beheizten Aufenthaltsraum wieder und setzten sich an den Esstisch. Alle außer Biene und Monika.

»Sind die beiden immer noch draußen?« Babs blickte fragend in die Runde.

»Keine Ahnung«, erwiderte Gerda stirnrunzelnd.

»Frag mich was Leichteres«, meinte Franziska achselzuckend.

Maria schüttelte nur wortlos den Kopf.

»Aber sie müssten doch längst zurück sein.« Babs erhob sich von ihrem Stuhl und begann unruhig im Zimmer auf und ab zu gehen. Sie trat ans Fenster, zog den Vorhang zurück und sah hinaus. Nichts. Nur dieser nervig prasselnde Dauerregen und gelegentlich ein greller Blitz, begleitet von einem kräftigen Donnerschlag.

»Das Ganze wird mir langsam echt unheimlich.« Gerda stand ebenfalls auf. »Will jemand einen Espresso?«

»Gerne«, kam es unisono von allen zurück.

»Ich gehe solange schon mal raus.« Babs streifte ihren Anorak über. Dann schnappte sie sich erneut die große Stablampe, die sie im Fall der Fälle diesmal auch als Schlagwaffe zu gebrauchen gedachte.

»Ich komme mit.« Maria sprang hoch. Sie beeilte sich damit, sich ebenfalls anzuziehen. Offenbar wollte sie auf keinen Fall mit den anderen beiden alleine bleiben. Babs schien ihr, so wie es aussah, vertrauenswürdiger zu sein.

»Aber auf keinen Fall unbewaffnet. Hier!« Babs drückte ihr ein handliches Holzscheit von dem Stapel neben dem Kamin in die Hand.

»Na gut. Wir warten hier auf euch.« Franziska blieb vor Müdigkeit dauergähnend sitzen, während sie auf sich selbst und Gerda zeigte.

Babs öffnete die Tür und trat in den fahlen Schein der Eingangsleuchte hinaus. Maria stolperte auf wackeligen Beinen hinterher. Vor dem Haus war nach wie vor nichts als Regen und Dunkelheit zu sehen. Nur gelegentlich wurde die Szenerie von den in ihrer Häufigkeit nachlassenden Blitzen erhellt. Leise schlichen sie um die Ecke und bewegten sich an der Ostseite des Hauses auf den Schuppen im hinteren Teil des Gartens zu.

»Bleib dicht hinter mir, okay?« Babs leuchtete immer wieder in die dunklen Büsche am Rand des Grundstücks hinein. Was war hier nur los? War am Ende der Teufel selbst hinter ihnen her?

Ihr Vater hatte ihr einmal eine alte Geschichte aus den Bergen hier erzählt. Darin waren vor langer Zeit die Frauen und Mädchen eines einsamen Bergdorfes im Wilden Kaiser in einer ähnlich unheimlichen Gewitternacht wie heute vom Teufel geholt worden. Sie hatten allesamt ihre Seelen an die Alpenhexen verpfändet, ohne den Männern daheim Bescheid zu sagen. Auf ein Jahr, für mehr Nahrung und besseres Wetter. Die Alpenhexen hatten versprochen, dass sie auf jeden Fall höchstens eine Seele pro Jahr brauchen würden, um ihre Zauberkräfte aufrecht zu erhalten. Welche Seele das sein sollte, würden sie aber erst sagen, wenn es soweit war. Denn erst dann wüssten sie ganz genau, welche sie brauchten. Die übrigen Seelen fielen nach Ablauf des Jahres an die anderen Frauen zurück. Dann könnten sie alle ihre gemeinsame Abmachung freiwillig erneuern oder nicht.

Nun war es aber so, dass eine der Alpenhexen vor Ablauf des Jahres vom Teufel gefangengenommen worden war, als sie ein Scheit Feuerholz aus der Hölle für einen besonderen Hexenzauber stehlen wollte. Damit sie wieder auf die Erde zu ihren Schwestern zurückkehren durfte, verlangte der Teufel alle Dörflerinnen mitsamt ihren Seelen im Austausch für diese eine Alpenhexe von den anderen Alpenhexen, und er bekam sie natürlich. Schließlich war Blut schon immer dicker als Wasser und außerdem wussten die Hexen, dass sie zur Not auch weiter unten im Tal neue Seelen fänden.

Die Männer und die Buben des Dorfes blieben daraufhin ohne ihre Mütter, Großmütter, Ehefrauen, Töchter und Schwestern zurück. Zu allem Überfluss wurden sie am nächsten Morgen auch noch durch einen riesigen Erdrutsch vom Rest der Welt abgetrennt. Oft hatten sich in den darauffolgenden Monaten, Jahren und Jahrzehnten Suchtrupps aus dem Tal zu dem verschütteten hochgelegenen Dorf aufgemacht. Sommers wie winters. Doch so sehr man auch danach suchte, man fand es nicht mehr. Es war wie vom Erdboden verschluckt. So als hätte es nie existiert.

Seit dieser Zeit wurden immer wieder Frauen in der Gegend um das Kaisergebirge herum vermisst. Man erzählte sich, dass die schwarz vermummten Geister der Männer aus dem verschwundenen Dorf sie zu sich holten.

»Babs!« Maria zupfte flüsternd an Babs Anorak.

»Ja.« Babs drehte sich zu ihr um.

»Da drüben.«

»Was?«

»Da waren gerade ein paar total unheimliche Augen.«

»Wo?«

»Da!« Maria zeigte auf den großen Strauch links von ihnen.

Babs leuchtete hinüber. Es waren keine Augen zu sehen, auch keine unheimlichen. Nur regennasse Blätter an den Ästen und kleine Rinnsale neben den großen schlammigen Pfützen auf dem Boden.

»Da ist aber nichts.« Babs beleuchtete das gesamte Areal vor dem Busch und seitlich davon noch einmal besonders gründlich.

»Vielleicht war es eine Katze«, mutmaßte Maria.

»Eine Katze? Hier oben?« Babs schüttelte zweifelnd den Kopf.

»Oder ein Fuchs. Was weiß ich. Hörst du die anderen?« Maria sah ihre Freundin fragend an.

»Ich höre nur Regen und Donner.«

»Ich auch. Gehen wir weiter?«

»Logisch.« Babs beleuchtete ihren Weg.

Kurze Zeit später erreichten sie den Schuppen, den Monika und Biene vorhin durchsuchen wollten. Die Tür stand offen.

»Jetzt sind sie aber schon lang draußen.« Gerda trank einen Schluck von ihrem nahezu erkalteten Espresso. »Meinst du nicht, Franziska?«

»Stimmt.« Franziska öffnete schläfrig die Augen. Sie hatte während ihrer Wiedersehensfeier gestern kräftig beim Wodka zugeschlagen. Es fiel ihr deswegen denkbar schwer, wach zu bleiben, auch wenn ihre Gefährtinnen noch so sehr in Gefahr schweben mochten.

»Mein Gott. Da draußen läuft vielleicht ein Mörder herum. Wie kannst du nur so ruhig bleiben?« Gerda stand kopfschüttelnd auf, trat zum Fenster und schaute bestimmt zum zehnten Mal in den letzten zwanzig Minuten hinaus. Doch wie bereits zuvor entdeckte sie draußen auch diesmal nichts außer Regen und gelegentlichen Blitzen. »Mistwetter«, schimpfte sie leise vor sich hin. »Das habe ich mir eigentlich anders vorgestellt mit unserem Ausflug. Stattdessen sitzen wir hier eingesperrt wie die Murmeltiere im Alpenzoo [28].«

»Murmeltiere ist gut. Ich bin auch ein Murmeltier. Ich bin schrecklich müde«, murmelte Franziska.

»Ich halte das Warten nicht mehr aus. Ich schau mal nach den anderen.« Gerda rüttelte ihre blonde Freundin wieder wach. »Hörst du? Ich gehe sie suchen.«

»Wie du meinst.« Franziska öffnete kurz die Augen, lächelte traumverloren und nickte auf der Stelle erneut ein.

»Monika? Biene? Seid ihr hier?« Babs leuchtete von der Tür aus in den dunklen Schuppen hinein. Sie hatte sich gerade gefragt, ob sie laut nach ihren Freundinnen rufen oder lieber leise flüstern sollte. Denn erstens hätte bei dem ohrenbetäubenden Geprassel der Regentropfen auf dem Schuppendach niemand ein leises Flüstern gehört. Und zweitens hatte sie immer noch Angst, einen etwaigen unheimlichen Unbekannten in der Nähe durch zu lautes Rufen auf sich und Maria aufmerksam zu machen. Letztlich hatte sie sich für eine Mischung aus beidem entschieden, die man als leises Rufen aber ebenso gut auch als lautes Flüstern bezeichnen konnte.

»Die sind hier nicht«, raunte Maria, die seitlich hinter ihr stand. »Lass uns abhauen. Mir ist das unheimlich.«

»Stimmt. Schaut nicht so aus, als wäre jemand hier.« Babs leuchte alles noch einmal gründlich ab. Nichts. Der Schuppen war wirklich leer. Auch auf dem Boden lag niemand.

»Bitte lass uns endlich gehen. Ich finde das echt gruselig hier.« Marias Stimme zitterte.

»Babs! Maria! Wo seid ihr?« Gerdas Stimme ertönte laut vom Haus her durch die Nacht.

»Hier beim Schuppen!« rief Babs ebenso laut zurück. Flüstern oder rufen, jetzt war es eh schon egal. Wenn jemand in der Nähe war, hatte er Gerda auf jeden Fall bereits gehört. Sie drehte sich um und leuchtete mit der Stablampe in Gerdas Richtung. »Hier drüben ist niemand. Bleib, wo du bist. Wir kommen zu dir. Am besten gehen wir wieder rein.«

Sobald sie im Trockenen waren, zogen sie schnell ihre nassen Anoraks aus. Dann setzten sie sich zu dritt an den großen Esstisch.

»Komisch. Wo mögen die beiden bloß sein. Haben sie Hanna etwa gefunden? Und wo ist eigentlich unsere kleine Franziska abgeblieben, Gerda?« Babs kämmte ihre feuchten Haare mit den Fingern nach hinten.

»Keine Ahnung. Gerade war sie noch da.« Die Kunstpädagogin zuckte die Achseln.

»Das ist jetzt nicht wahr, oder?« Maria blickte ängstlich von einer zur anderen.

»Ich schau mal in ihrem Zimmer nach«, bot Gerda an. »Vielleicht schläft sie ja. Sie sah sehr müde aus.«

»Aber nicht allein.« Babs setzte eine entschlossene Miene auf. »Vor dem Schlafengehen waren wir noch zu siebt. Jetzt sind nur noch drei von uns hier. Bis wir nicht wissen, was mit den anderen ist, schlage ich vor, dass wir ab sofort immer ganz nah zusammenbleiben.« Entweder die anderen sind immer noch draußen im Regen unterwegs oder irgendwer sorgt hier dafür, dass eine nach der anderen von uns verschwindet, dachte sie. Wenn es kein Fremder ist, können es nur Maria oder Gerda sein. Oder Franziska. Auf jeden Fall darf ich die beiden keine Sekunde mehr aus den Augen lassen. Zu zweit kann man sich zur Not besser gegen eine von ihnen wehren als alleine.

»Wie du meinst.« Gerda zuckte erneut gleichmütig die Achseln.

Maria nickte eifrig.

Sie stiegen in den ersten Stock hinauf, durchsuchten noch einmal gemeinsam den Speicher und alle Zimmer. Doch Franziska war nirgends zu finden.

Das Licht erlosch. Schlagartig, ohne Vorwarnung.

Maria schrie ängstlich auf. Sie presste sich zitternd an Babs Seite. »Um Himmels willen, Babs. Was ist nur los?«

»Vielleicht hat der Blitz die Leitung erwischt. Lasst uns wieder runter gehen. In der Küche habe ich gestern ein paar Kerzen gesehen.« Babs klang beunruhigt, aber bei weitem nicht so alarmiert wie Maria.

»Also los, kommt.« Gerda hatte blitzschnell ihre Autoschlüssel aus der Hosentasche gezogen und die kleine Lampe daran eingeschaltet. Sie leuchtete ihnen damit voraus.

»Hallo? Ist da jemand?« Eine raue Männerstimme erklang von unten.

Alle drei Freundinnen blieben auf der Stelle wie angewurzelt stehen. Sie wagten es nicht weiterzuatmen. Gerda steckte ihre Schlüssel genauso schnell wieder ein, wie sie sie herausgeholt hatte.

Maria bekam als erste keine Luft mehr. »Habt ihr das gehört?«, fragte sie flüsternd, nachdem sie laut nach Luft geschnappt hatte. »Ich glaube, ich falle in Ohnmacht.«

»Den machen wir platt, Mädels.« Babs ballte ihre Hände zu Fäusten. Du willst es ja nicht anders, du Scheißkerl, sagte sie sich. Wirst schon sehen, was du davon hast, wenn du dich mit drei starken Frauen einlässt. Na ja, zwei, berichtigte sie sich mit einem Seitenblick auf die Stelle, wo Maria stehen musste.

»Meinst du?« Maria quietschte ihre Frage panisch ins Dunkel hinein.

Jetzt flackerte unten ein Licht auf. Sie hörten schwere Schritte. Dem Geräusch nach zu urteilen musste der Kerl, der hinter ihnen her war, ein Riese sein. Oder er trug zumindest Bergschuhe.

Maria krallte ihre Hand in Babs Oberarm.

»Autsch!«, zischte die genervt. »Hast du sie noch alle?«

»Entschuldige, Babs. Aber ich hab solche Angst. Ich mach mir gleich in die Hosen.«

»Wartet hier. Ich schnapp mir den Kerl.« Gerda stürmte ohne ein weiteres Wort auf die Treppe zu. Sie war dabei so schnell, dass Babs sie nicht festhalten konnte.

»Spinnst du?«, zischte ihr Babs hinterher.

»Auf sie mit Gebrüll!« Gerda stürzte laut krakeelend die Treppe hinunter. Babs und Maria rannten ihr reflexartig hinterher. Doch kaum waren sie zu dritt am Treppenabsatz angekommen, stoppten sie ihre Attacke. Ein mittelgroßer Mann im Anorak stand mit einer eingeschalteten Taschenlampe in der Hand neben der Eingangstür. An den Füßen trug er schwere Bergschuhe. Es sah so aus, als hätte er das Haus gerade verlassen wollen.

»Wer sind sie und was wollen sie?« Gerda starrte ihn feindselig an. Babs und Maria stellten sich hinter sie.

»Hallo, die Damen«, erwiderte er verschreckt. Seine Augen bewegten sich unruhig von einer zur anderen. »Hirschberg mein Name. Wir sind Nachbarn. Wir haben die Hütte gleich neben ihnen.« Er sah so aus, als wüsste er nicht, ob er bleiben oder so schnell wie möglich davonlaufen sollte.

Das Licht ging wieder an.

»Gott sei Dank«, hauchte Maria erleichtert.

»Ja und?« Babs trat ein Stück weit vor, um sich ihren ungebetenen Besucher näher anzusehen. Braver Haarschnitt mit Seitenscheitel, blaue Augen, glatt rasiert, schüchternes Lächeln, noch relativ jung. Der Bursche schien nicht weiter gefährlich zu sein. Auf den ersten Blick hätte er einen guten Buchhalter abgegeben oder einen Bibliothekar. Aber wissen konnte man es natürlich nie. Serienkiller hatten oft ein völlig unauffälliges Äußeres. Es war also nach wie vor Vorsicht geboten.

»Na ja. Wir machen hier Urlaub. Also, meine Kumpels Gerhard, Jürgen, Markus und ich. Ich bin der Jens. Wir kommen aus Köln.«

»Schön für Sie, Jens.« Babs schaute ihm unverwandt ins Gesicht. Gerda und Maria taten es ihr gleich. »Und ich dachte, wir wären alleine hier hoben«, wandte sich Babs an ihre Freundinnen.

»Alleine?« Jens lachte kurz spöttisch auf. »Hinter unserer Hütte sind mindestens noch zehn andere.«

»Dann ist das hier ein Hüttendorf?« Babs sah ihn ungläubig an.

»So stand es in unserem Katalog.«

»Habe ich nicht gewusst.« Gerda drehte sich zu ihren Freundinnen herum und hob bedauernd die Hände. »Echt nicht. Unser Haus schaut auch nicht aus wie eine Hütte.«

»Nicht mal mehr in den Bergen ist man alleine.« Babs schüttelte genervt den Kopf.

»So ist das. Und vorhin … da, da …«, stammelte Jens.

»Da *was*?« Babs konnte strenger klingen als eine Gouvernante vor dem sonntäglichen Kirchenbesuch. Schon so manchen Mann hatte sie auf diese Art aus ihrem Leben vertrieben, noch bevor er überhaupt die geringste Chance gehabt hatte hineinzugelangen.

»Da war diese Frau«, beendete Jens eingeschüchtert seinen Satz.

»Aha.« Babs ließ verwirrt den Mund offen stehen. »Und welche?«

»Diese Rothaarige.«

»Hanna?«

»Ja genau. Hanna. So heißt sie.« Er nickte eifrig.

»Was hast du mit ihr gemacht, du Schwein?« Gerda schritt mit zorniger Rächermiene auf ihn zu.

»Genau!«, blaffte Babs. »Raus mit der Sprache.«

»Nichts. Gar nichts.« Jens drückte seinen Rücken gegen die Wand und suchte tastend nach dem Türgriff.

»Doch. Du hast sie umgebracht«, platzte es aus Babs heraus. »Und jetzt bist du gekommen, um uns zu erledigen. Aber da hast du dich geschnitten.« Sie sagte ihm geradewegs auf den Kopf zu, was alle drei im Moment dachten.

»Umgebracht? Aber …«

»Aber *was*?«, wollte Gerda wissen. »Mit uns hast du es nicht so leicht wie mit den anderen. Das verspreche ich dir.«

»Aber ich habe niemanden umgebracht.«

»Lüge!«, kam es unisono von den drei Freundinnen.

»Keine Lüge«, widersprach Jens jetzt genauso heftig. »Hanna sitzt bei uns drüben und trinkt einen Glühwein. Und ihre Freundinnen sind auch dort.«

»Wer?«

»Diese kleine Blonde und die hübsche Dicke. Und die andere heißt, glaube ich, Monika.«

»Aber wie …?« Babs fehlten die Worte.

Gerda und Maria starrten wie vom Blitz getroffen schweigend vor sich hin.

»Hanna hat vorhin bei uns angeklopft«, fuhr Jens fort. »Sie blutete am Kopf und schien reichlich beschwipst zu sein. Da haben wir sie reingebeten und ihr erst mal was Heißes zu trinken gegeben. Sie war ja klatschnass.«

»Und was habt ihr dann mit ihr gemacht?« Babs Miene strotzte nur so vor Misstrauen.

»Nichts. Wir haben ihre Wunde gesäubert, vielmehr der Markus, der war beim Bund Sanitäter. Und ich habe ihr ein trockenes T-Shirt und einen Pulli von mir gegeben. Ja, und dann klopften schon die anderen beiden an die Tür. Kurze Zeit später kam auch noch die kleine Blonde dazu. Ehrlich, so war es. Und jetzt feiern alle.«

»Und warum schleichen Sie dann im Dunkeln in unserem Haus herum?«

»Ich habe geklopft, aber es hat niemand geantwortet.« Jens räusperte sich. Ganz wohl in seiner Haut schien er sich wirklich nicht zu fühlen. »Dann bin ich reingegangen, um ihnen den Zettel da drüben auf den Tisch zu legen, damit sie sich keine Sorgen um die anderen machen. Die Tür war offen und das Licht ging erst aus, als ich schon drinnen war.«

Babs nahm die Nachricht vom Tisch und las laut vor: ›Sind bei den Jungs nebenan und feiern weiter. Kommen wohl erst zum Mittagessen zurück. Liebe Grüße, Hanna, Franziska, Monika, Biene.‹

»Da soll mich doch der …« Babs schüttelte verärgert und erleichtert zugleich den Kopf. »Wissen Sie eigentlich, was wir uns für Sorgen gemacht haben, Jens?«

»Deswegen der Zettel.« Er nickte eifrig.

»Aber Hanna war doch tot. Sie hatte keinen Puls mehr. Und geatmet hat sie auch nicht mehr. Ich bin mir ganz sicher.« Babs hörte nicht damit auf, den Kopf zu schütteln.

»Vielleicht hat sie ja nur schwach geatmet und den Puls fühlen ist bei dem Sauwetter auch nicht gerade einfach«, meinte Gerda.

»Vielleicht«, räumte Babs daraufhin nachdenklich ein. »Aber merkwürdig ist das alles schon.«

»Finde ich auch.« Maria zitterte nach wie vor wie Espenlaub.

»Franziska war todmüde, als ich sie verlassen habe«, fügte Gerda noch hinzu. »Wieso soll die auf einmal da drüben sein und feiern?«

»Kommt halt mit rüber und überzeugt euch selbst. Es sind ungefähr Fünfzig Meter durch den Wald«, schlug Jens vor. Ein schüchternes Lächeln huschte über sein Gesicht.

»Na gut.«

Babs und die beiden anderen zogen ihre Anoraks an und bewaffneten sich mit Stablampe und Holzscheiten. Dann verließen sie das Haus und folgten Jens durch die Dunkelheit.

Als sie die Blockhütte der Kölner betraten, schallte ihnen fröhliches Gelächter entgegen. Es war behaglich warm in der großzügigen aber trotzdem gemütlichen Stube. Hanna, Biene, Monika und Franziska begrüßten sie bestens gelaunt. Sie stellten ihnen ihre neuen Freunde vor.

»Aber du warst doch tot«, meinte Babs zu Hanna, nachdem sie neben ihr am Tisch Platz genommen hatte.

»Nicht tot. Nur sehr schwach, Babs. Ich nehme etwas gegen Bluthochdruck. Und meine Medikamente vertragen sich nicht mit Alkohol.«

»Ach wirklich? Und da langst du so hin beim Wodka Red Bull?«

»Mein Gott. Einmal feiern, Babs. Nach meiner beschissenen, langen Krankheit. Das muss doch auch mal drin sein.« Hanna blinzelte im Zeitlupentempo.

»Schon. Aber warum hast du bei uns drüben im Garten gelegen?« Babs wollte immer noch nicht glauben, was sie gerade gehört hatte.

»Mir war im Bett so schwindelig, deshalb ging ich nach draußen und bin dabei wohl ausgerutscht, gestürzt und auf einen Stein gefallen. Dann bin ich wieder aufgewacht und hier bei den Jungs gelandet. Wahrscheinlich habe ich die Hütten verwechselt.«

»Und ich habe auf einmal einen lauten Donner und dann lautes Lachen gehört«, meinte Franziska. »Weil Gerda die Tür offengelassen hat. Da habe ich meine Müdigkeit Müdigkeit sein lassen und nachgeschaut, woher es kommt. Zack war ich hier.«

»Moni und ich haben das laute Lachen auch gehört, als wir hinter dem Haus waren.« Biene hob ihr Schnapsglas an den Mund. »Wir hätten euch ja gleich nachgeholt. Aber bei dem Sauwetter wollte keine von uns mehr raus. Noch dazu, wenn man so nette Gesellschaft hat.« Sie grinste den rothaarigen Kölner neben sich vielsagend an.

»Wenn wir ein Handy gehabt hätten, hätten wir euch bestimmt gleich angerufen«, meinte Monika. Dann schenkte sie den Neuankömmlingen erst mal einen Obstler ein.

So ergab es sich, dass die netten jungen Männer aus Köln mit den junggebliebenen Frauen aus dem Chiemgau ausgelassen bis in den frühen Vormittag hinein feierten. Die schemenhaften schwarz vermummten Gestalten, die währenddessen ein ums andere Mal lautlos um die Hütte herumschlichen, bemerkte keiner von ihnen.

FREIZEITTIPPS:

19 Tipp 50-54: Kufstein. Gleich hinter der Deutsch-Österreichischen Grenze liegt der beliebte und viel besungene Urlaubsort im österreichischen Inntal unweit des zahmen und des wilden Kaisers. Sehenswert ist die historische Altstadt, die von der imposanten Festung Kufstein überragt wird. Im Dezember findet hier ein sehr stimmungsvoller Weihnachtsmarkt statt. Des Weiteren sehenswert sind der Raritätenzoo Ebbs und der Wildpark Wildbichl.

20 Tipp 55: Kaisergebirge: Der Wilde Kaiser und der zahme Kaiser sind bei Tourengehern und Bergsteigern gleichermaßen beliebt. Unweit von Kufstein gelegen, erheben sich seine Flanken bis zum steilen karstigen Fels in der Gipfelregion. Seine höchste Erhebung ist der Ellmauer Halt im Gemeindegebiet von Kufstein mit 2.344 Metern. Der Kaiserbach fließt hier, durch das Kaiserbachtal, in die Grossache, die später in den Chiemsee mündet. Wichtige Gipfel sind, neben dem Ellmauer Halt, die Ackerlspitze mit 2.329 Metern, der Treffauer, 2. 304 Meter oder der Predigtstuhl, 2.118.

21 Tipp 56-58: Burghausen an der Grenze zu Österreich. Eine der größten erhaltenen Burganlagen der Welt gibt es hier oberhalb der historischen Altstadt zu besichtigen. Wer will, kann hier auch heiraten. Ein Besuch ist auf jeden Fall lohnenswert. Die interna-

tionale Jazzwoche Burghausen und der Jazzherbst sind weit über Bayerns Grenzen hinweg in aller Welt bekannt.

22 Tipp 59-60: Walchsee. Beliebtes Urlaubsdomizil in den Tiroler Alpen (Kaiserwinkel) unweit des Chiemsees. Hier sollen bereits die Kelten gehaust haben. Baden, Wandern, Essen und Trinken. Erholung pur. Sehenswert ist die Pfarrkirche *St. Johannes der Täufer*, ein gotischer Bau, der später barockisiert wurde.

23 Tipp 61-65: Schliersee. Im Sommer Anglerparadies und Badesee sowie beliebtes Ausflugziel der Münchner in den bayrischen Alpen. Im Winter Langlaufen und Skifahren in Spitzing gleich in der Nähe. Von Mai bis September verkehrt ein Linienschiff auf dem See, besonders erlebenswert ist dabei ein Aufenthalt im *Wirtshaus im See* auf der kleinen Insel Wörth. Im Juni findet hier jährlich der Alpentriathlon statt. Der zweifache Ski-Olympiasieger Markus Wasmeier kommt von hier und betreibt in Neuhaus sein mit viel Liebe zum Detail erbautes Freilichtmuseum.

24 Tipp 66-68: Wanderort Trostberg. Neben den zahlreichen naturnahen Wanderrouten ist auf jeden Fall auch das Stadtmuseum einen Besuch wert. Hier sind unter anderem bürgerliche Möbel von 1600 bis 1959 ausgestellt. Unbedingt lohnend ist auch ein Besuch der »Jungen Bühne«.

25 Tipp 69: Burg Hohenaschau. 1908 ging der Besitz an die Bundesrepublik Deutschland (Bundesanstalt für Immobilienaufgaben) über. Die Wohnungen hier werden überwiegend an das Sozialwerk der Bundesfinanzverwaltung als Ferienwohnheim verpachtet. Sehenswert sind die barocke Schlosskapelle und das Prientalmuseum. Falknerei und Flugvorführungen vor Ort.

26 Tipp 70: Kampenwand. 1669 Meter hoher, beliebter Berg für Mountainbiker, Tourengeher und Kletterer im Chiemgau. Auch Drachenfliegen und Skifahren im Winter ist möglich. Sein Gipfelkreuz ist das größte Gipfelkreuz in den bayrischen Alpen. Der Berg ist auch bekannt durch folgenden Schüttelreim: *I gangat gern auf d' Kampenwand, wann i mit meiner Wamp'n kannt'. (Ich ginge gerne auf die Kampenwand, wenn ich mit meinem dicken Bauch es könnte.)*

27 Tipp 71: Die Steinlingalm liegt auf 1467 Metern Höhe unterhalb der Kampenwand. Sommer wie Winter gut besucht, gutes bayrisches Essen, herrliche Aussicht auf den Chiemsee. Es gibt hier leider keine Übernachtungsmöglichkeit. Aber sogar eine kleine Kapelle steht auf dem Gelände der Alm.

28 Tipp 72: Alpenzoo in Innsbruck. Ein Ausflug, der sich nicht nur für Kinder lohnt. Auch Erwachsene können hier viel über die Fauna und Flora der Berge lernen.

DIE BERGTOUR

Der erste Sonntag im Oktober versprach schon jetzt, um sieben Uhr morgens, einer dieser seltenen, herrlich sonnigen Herbsttage zu werden, wie es sie sonst nur gab, wenn man während der Woche in der Arbeit saß. Ein erlebnisreicher Tag versprach es obendrein zu werden. Zumindest für Malermeister Karl Ramsauer und seine Liebsten. Der wollte heute mit ihnen das Unterberghorn in Kössen [29] im schönen Tirol besteigen, nachdem ihm seine Stammtischbrüder Freddie und Horst den Berg gestern Abend in seinem Lieblingsbiergarten in den Isarauen wärmstens ans Herz gelegt hatten. Weil das ganz sicher kein gemütlicher Spaziergang werden würde, sondern eher eine richtige kleine Bergtour, hatte sich die ganze Familie in der Küche ihrer großen Münchener [30] Dreizimmerwohnung versammelt, um dort alles Nötige dafür zusammenzupacken. Brotzeit, Getränke, Bergschuhe, warme Pullis für den Gipfel sowie Anoraks und Regenschirme für den unwahrscheinlichen Fall eines Wetterwechsels. Aber schließlich wusste man ja nie.

Mit von der Partie waren die vorfreudig erregte Mutter, Sabine Ramsauer, der wie jeden Sonntag verkaterte Vater, Karl, die hübsche erwachsene Tochter der Ramsauers, die blonde Isabella Maria Ramsauer, neuerdings Ramsauer-Kleinlein, ihr Mann, der schweigsame Eugen Kleinlein, ein kleiner Angestellter bei den Stadtwerken und die dicke Erna Maria Berger, Karls ältere Schwester, deren Mann Johann Berger vor drei Jahren verstorben war. Sie durfte mitkommen, weil man sich seit diesem Schicksalsschlag bei den Ramsauers moralisch verpflichtet fühlte, ihr ab und zu seelischen Beistand zu leisten. Was aber nicht bedeutete, dass Karl das besonders gerne tat. Seine große Schwester ging ihm seit ihrer Kindheit auf die Nerven. Warum das so war, konnte er nicht sagen. Es war einfach so.

Erna war schon am Vorabend mit der U-Bahn aus Schwabing zu ihren Verwandten nach Untergiesing gekommen und hatte im Wohnzimmer auf der großen Couch übernachtet. Seit Tagen hatte sie sich darauf gefreut, endlich mal wieder aus ihrer kleinen Einzimmerwohnung herauszukommen. Sie hatte es immer genossen, zu Johanns Lebzeiten mit ihm an den Wochenenden aufs Land hinauszufahren. Und jetzt nahm sie ihr Bruder mit in die Berge, und der Rest der Familie war auch noch dabei. Wie wunderbar.

Zu ihrem Leidwesen blieb ihre überbordende Vorfreude auf die anstehende Gipfeltour jedoch nicht ganz ungetrübt. In den letzten drei Jahren hatte sie aus Kummer über ihren schweren Verlust oft einmal zuviel gegessen und sich im Gegenzug zu wenig bewegt. Das Ergebnis waren zwanzig Kilo zu viel auf der Hüfte. Und wenn sie ganz ehrlich zu sich selbst war, wusste sie momentan gar nicht so recht, ob ihre denkbar schlechte Kondition überhaupt ausreichte, um mit den anderen auch nur annähernd mithalten zu können. Trotzdem wollte sie es versuchen. Auf jeden Fall. Das war sie ihrem Johann schuldig. Und sich selbst natürlich auch.

»So Herrschaften, es kann losgehen!« Mit befehlsgewohnter Stimme rief Karl zum allgemeinen Aufbruch, und wie immer gehorchte die Familie aufs Wort.

Sie verließen einer nach dem anderen die Wohnung, stiegen die Treppen hinab und verstauten ihre Rucksäcke und sich selbst in Karls großräumigem Mercedes Kombi, der direkt vor der Tür stand. Erna durfte während der Fahrt vorne sitzen. Einmal weil sie heute der Ehrengast war, und dann hätte es für jeden Nebensitzenden eine unzumutbare Qual bedeutet, sich mit der beleibten Tante die Hinterbank teilen zu müssen.

Karl pfiff ein munteres Liedchen und lenkte das vollbeladene Fahrzeug gewohnt lässig aus der Stadt hinaus auf die Salzburger Autobahn, die direkt in die Voralpenlandschaft hineinführte. Keine zehn Minuten später standen sie im ersten Stau.

»Scheißsonntagsfahrer. Es ist doch jedes Mal dasselbe«, schimpfte das Familienoberhaupt nicht ganz ernst gemeint vor sich hin. »Was wollen die ganzen Hirnies eigentlich so früh am Tag? Sollen sie doch lieber ausschlafen. Oder in die Kirche gehen. Zum Beispiel in Holzkirchen 31. Oder arbeiten. Oder noch besser, gleich auswandern. Von mir aus nach Norwegen. Wer bitte, braucht denn diese ganzen Deppen auf unserer Lieblingsautobahn in die Berge?«

»Ach, Karl. Nun reg dich doch nicht so auf. Wir haben doch den ganzen Tag Zeit.« Wie immer bei ihren gemeinsamen Unternehmungen litt Sabine unter der ständigen Angst, dass ihr Mann jeden Moment die Geduld verlieren würde und cholerisch lospolterte.

Einen gewissen Unterton in seiner Stimme meinte sie diesbezüglich bereits wahrzunehmen. »Außerdem dürfen die anderen Leute genauso ihren Ausflug machen wie wir. Die wollen schließlich auch nur an die frische Luft.«

»Aber ich rege mich doch gar nicht auf, Sabine. Ich mache bloß ein paar gutgelaunte Scherze über die lieben Menschen da draußen«, erwiderte Karl. Er lächelte beruhigend zu seiner Frau nach hinten, während er mit zehn Stundenkilometern in der Kolonne dahinschlich. »Natürlich haben die, genauso wie wir, ihr gutes Recht auf Erholung und Sonne. Das weiß ich doch. Das ist doch sonnenklar.« Aber wenn es sowieso derart voll ist hier draußen, dachte er, kann ich mir auch erst mal ein Bier aus der Kiste für Notfälle im Kofferraum holen. Am besten gleich noch ein paar mehr, für den Fall, dass der Stau auf der ganzen verdammten Scheißstrecke so weiter geht. Meinem Kater wird es auf jeden Fall gut tun.

»Um Gottes, Willen. Bitte schau nach vorn, Karl!«, ermahnte ihn Sabine. Verkrampft krallte sie ihre langen schlanken Finger in den Haltegriff in der rechten Hintertür, während er plötzlich bremste.

»Tu ich doch, meine Allerliebste. Ich schaue die ganze Zeit nach vorne. Aber wir stehen ja schon wieder. Und im Stehen werde ich wohl noch kurz zu euch hinterschauen dürfen. Oder?« Er schaltete in den Leerlauf, zog die Handbremse an, stieg aus und holte sich vier Flaschen Bier aus dem Kofferraum.

»Und bitte trink nicht so viel, wenn du fährst. Das

macht mir Angst.« Sabine sah großes Unheil am Horizont emporsteigen, während Erna die Flaschen auf Karls Geheiß hin ächzend und stöhnend zu ihren Füßen deponierte.

»Ja, ja. Beruhige dich wieder, mein Liebling. Ich habe alles im Griff.« Karl ließ sich das erste Bier von Erna reichen und öffnete es mit dem Zollstock, der wie gewohnt auf der Mittelkonsole lag. Schließlich war das hier auch sein Firmenwagen, da musste das wichtigste Werkzeug natürlich immer an Bord sein.

Es ging erneut ein kleines Stück weiter, geradewegs mitten hinein in den nächsten Stau, und daraufhin in den übernächsten und so fort. Normalerweise pures Dynamit für die Seele eines gestandenen Cholerikers. Doch die von Sabine befürchtete ausflugsübliche Katastrophe trat heute überraschenderweise nicht ein. Zumindest noch nicht.

Karl, der dank seines großzügigen Biervorrates inzwischen bereits zünftig angesoffen war, beschwerte sich zwar von Zeit zu Zeit immer wieder darüber, dass es doch eine einzige unglaubliche Scheiße sei, wie viele dieser hirnlosen Deppen sich hier ungestraft auf öffentlichen Verkehrswegen herumtreiben dürften. Von der Grundstimmung her zeigte er sich aber nach wie vor relativ entspannt. Nicht einmal die zermürbende Parkplatzsuche bei der Talstation der Unterberghornbahn 32, während der er den gesamten Parkplatz siebenmal großräumig umkreisen musste, schien in der Lage zu sein, ihm diese zu vermiesen. Oder sollte er alles nur spielen und innerlich bereits die ganze Zeit über grollen? Möglich war das natürlich. Und das erste Mal wäre es auch nicht gewesen.

Um halb elf hatte er endlich einen schattigen Stellplatz gleich neben der Einfahrt gefunden. Erna wühlte sich als erste aus ihrem Beifahrersitz und nur wenig später stand die vollständige Familie Ramsauer mit etwa 70 anderen Erholung und Einsamkeit suchenden Individualisten vor einem sehr steilen, aber breiten Weg, der in einen dichten Nadelwald hineinführte. Auf dem riesigen Hinweisschild daneben war die frohe Botschaft ›Drei Stunden bis zum Gipfel‹ zu lesen. Wenn man ganz genau hinsah, konnte man den sogar schon erkennen. Ganz oben, ganz weit weg, ganz klein. Umringt von einigen flachgezogenen, schneeweißen Schönwetterwolken.

»Ich bin dann mal weg!« Babs winkte ihren Eltern, die zeitungslesend am Frühstückstisch saßen, fröhlich von der Wohnzimmertür aus zu.

»Wo geht es denn jetzt schon wieder hin, Kind?« Ihre Mutter hob erstaunt den Kopf.

»Hab ich dir vorhin dreimal erzählt, Mama. Ich fahre mit dem Mountainbike ein Stück das Unterberghorn rauf. Was meinst du wohl, warum ich diese Sachen hier angezogen habe?« Babs zeigte auf ihre bunte Radlerausrüstung samt Helm. Merkt meine alte Dame eigentlich noch was?, stutzte sie. Der kann man die Sachen inzwischen zehnmal erzählen, und sie fragt trotzdem immer wieder nach. Hoffentlich sind das nicht die Vorboten von Alzheimer oder Demenz.

»Ach, du und dein alberner Sporttick«, winkte ihre Mutter genervt ab und schaute wieder auf ihre Zeitung. »Pass bloß auf, dass du nicht irgendwo hinunterstürzt.«

»Ich und mein alberner Sporttick?«, echauffierte sich Babs. »Wenn hier einer einen Sporttick hat, dann ist es ja wohl mein Bruder, dein geliebter Sepp.«

»Ist schon recht, Babs. Reg dich nicht auf. Viel Spaß.« Ihr Vater lächelte ihr aufmunternd zu.

»Ja, viel Spaß, Frau Sportlerin«, schloss sich ihre Mutter mit leicht ironischem Unterton in der Stimme an.

Herrschaft noch mal. Sie kann es einfach nicht lassen. Babs lief zur Haustür hinaus auf die Straße. Sepp hatte ihr vorhin freundlicherweise das Mountainbike auf den Radelständer ihres pinkfarbenen VW-Golf gehoben. Voller Vorfreude auf ihren Ausflug stieg sie ein und fuhr los.

»Ach, du lieber Gott! Soll das etwa heißen, wir gehen jetzt drei Stunden lang ununterbrochen steil bergauf? Bis ganz oben?« Dass sie sich heute ordentlich anstrengen müsste, hatte Erna ja bereits in München geahnt. Aber so schlimm hatte sie es sich auch wieder nicht vorgestellt. Wie sollte sie denn jemals dort hinauf kommen? Das war doch völlig unmöglich. Mutlos ließ sie den Kopf sinken.

»Logisch, Erna. Was hast du denn gedacht? Mein Freund Horst fährt da sogar lässig mit seinem Mountainbike rauf. Aber ganz lässig, hat der Freddie gestern im Biergarten gemeint.« Wenn Karl seinen lustig forschen Freizeittonfall anschlug, sollte dieser seiner fröhlichen Lockerheit Ausdruck verleihen. »Nun komm schon, Erna«, fuhr der Malermeister fort, der selbst ein paar Kilos zu viel auf den Rippen hatte. »Da wird jetzt schnell wie der Blitz hochgespurtet und oben machen wir dann eine schöne Gipfelbrotzeit. So wie sich das gehört für gestandene Sportler. Du wirst schon sehen. Da oben hat man einen Ausblick, wie man ihn hier unten nicht hat.«

Er lachte markig meckernd über den in seinen Augen vortrefflich gelungenen Spruch, drehte sich auf dem Absatz um und marschierte los.

»Du schaffst das schon, Tante Erna«, tröstete Isabella ihre unsicher dreinschauende, übergewichtige Tante. »Und wenn es dir wirklich zu anstrengend wird, dann schieben der Eugen und der Papa dich einfach hinauf. Oder, ihr zwei Sportasse?«

»Logisch, gar keine Frage.« Karl, der sich für seine Antwort nicht einmal umdrehte, sondern weiter zügig bergan stieg, hörte sich jetzt nicht mehr fröhlich und locker an. Eher übertrieben fröhlich und übertrieben locker.

Sabine blickte ängstlich auf. Sie erkannte darin das erste untrügliche Anzeichen dafür, dass seine gute Laune sich bald verabschieden würde. Bei ihrem Vater war es damals, als sie klein war, immer genauso gewesen. Gerade noch die Lebenslust in Person und im nächsten Moment ein tobender Wüterich. Schon oft hatte sie damit gehadert, dass sie mit Karl einen Mann geheiratet hatte, der ihrem eigenen Vater so ähnlich war. Anscheinend suchte man sich unbewusst immer das Vertraute. Egal ob es nun gut oder schlecht für einen war.

»Kein Problem, Ernalein. Mit Links schieben wir dich da hinauf«, meinte Karl mit leicht ungeduldigem Unterton in der Stimme.

»Schon.« Der schweigsame schmale Eugen meldete sich zum ersten Mal an diesem Morgen zu Wort. Dann machten sich alle an den Aufstieg.

»Mein Gott, ist das schön hier.« Sabine Ramsauer sprudelte förmlich über vor Begeisterung, wie immer im Angesicht der freien Natur. »Schaut doch nur. Die schönen Bäume und die wunderschönen Blumen. Ach, und die herrlichen Wolken. Und dort, der wunderschöne Schmetterling.«

»Ja, sehr schön, Sabine, wirklich.« Karl stimmte seiner Frau schnell zu, damit das Thema gleich wieder abgehakt wäre und der Aufstieg ungestört weitergehen konnte.

»Es ist echt total toll, Mama. Endlich sind wir mal wieder aus der Stadt draußen. Hier ist alles so offen, so weit und gar nicht einengend. Man fühlt sich gleich viel freier. Stimmt doch, Eugen, oder?« Isabella strahlte vor Glück. Ganz die Mama eben.

»Mhm.« Eugen deutete ein leichtes Nicken an. Dass er nicht viel redete, bedeutete nicht unbedingt etwas Negatives. Er genoss schon immer am liebsten sein eigenes Innenleben. Das ganze äußere Drumherum nahm er lediglich als mehr oder weniger störende Kulisse wahr. Gespräche mit den vielfältigen Darstellern in dieser Kulisse oder gar deren Bestätigung brauchte er nicht.

»Oh, mein Gott. Wie lange müssen wir denn noch?«, Tante Erna lief der Schweiß in Sturzbächen über das pausbäckige Gesicht. Langsam setzte sie einen geschwollenen Fuß vor den anderen.

»Jetzt hör aber auf, Erna. Mach keine Witze. Wir sind doch gerade erst mal dreißig Minuten unterwegs.« Karl wollte nicht glauben, was sie da gerade gesagt hatte. Wollte sie wirklich aufgeben? Für ihn kam das auf gar keinen Fall in Frage. Niemals. Schon sein Vater und sein Großvater waren häufig in den Bergen gewesen, und immer hatten sie das Gipfelkreuz erreicht. Diese Tradition galt es unbedingt fortzusetzen. Wozu sollten Traditionen sonst gut sein.

»Kein Witz, Karl«, ächzte Erna und schnaufte dabei wie eine Dampflok. »Ich schaffe das nicht. Ganz unmöglich. Da komme ich nie im Leben rauf. Ich bin zu schwer.« Sie deutete in Richtung des Gipfels, dem sie ihrer Meinung nach bislang noch kein Stück nähergekommen waren.

»Ach, komm schon, Tantchen.« Isabella hakte sich frohgemut bei ihr unter. »Das schaffst du doch locker. Du darfst bloß nicht aufgeben. Sollen wir vielleicht erst einmal eine kleine Pause machen? Und dann weitergehen?«

»Was? Jetzt schon eine Pause? Aber da kommen wir doch nie oben an, zefix noch mal!«

Es war soweit. Das, was Sabine bereits seit dem ersten Stau auf dem Herweg befürchtete hatte, trat ein. Karl wurde endgültig vom Zorn übermannt. Sie erkannte es deutlich an seinen geballten Fäusten und dem Zucken seiner schweißüberströmten Unterlippe.

Babs bog in den Parkplatz der Unterberghornbahn ein und stellte ihren Golf auf dem letzten freien Eck ganz hinten links ab. Sie stieg aus, löste die Befestigungen ihres Dachträgers, hob ihr Mountainbike vom Dach und stellte es neben sich. Danach musste sie nur noch ihren kleinen Rucksack von der Rückbank nehmen, ihren Helm aufsetzen, ein letztes Mal Lippenstift auftragen und schon konnte es losgehen.

Nachdem sie am Fuß des Berges die Gabelung zum Weg auf den Gipfel hinter sich gebracht hatte, wurde es ernst. Es ging steil bergauf, sie begann zu schwitzen. Langsam Babs Bauer, sagte sie sich, du fährst hier zu deinem Vergnügen, es ist keine Meisterschaft. Ob sie heute wirklich bis zum Gipfel hinauffuhr, wusste sie noch nicht. Nach der Bärenhütte ging es nur noch auf einem sehr anstrengenden schwierigen Schotterweg weiter. Aber bis zur Hütte würde sie es auf jeden Fall schaffen.

Ihr fiel ein, dass sie vor Jahren einmal mit Sepp an einem Mountainbikerennen rund um den Tegernsee mitgemacht hatte. Die Hälfte hatte sie durchgestanden, dann hatte sie schlicht keine Kraft mehr gehabt. Sie war zum Start zurückgekehrt und hatte dort im Radio zugehört, wie es Sepp auf dem Rest der Strecke erging. Die Stimme des begeisterten Sprechers klang ihr noch heute in den Ohren.

»Meine Damen und Herren, liebe Sportfans! Wie uns gerade von der Strecke gemeldet wird, hat der Newcomer mit der Nummer achtundsiebzig, Sepp Bauer, der sich gleich von Anfang an ganz vorne in der Spitzengruppe festsetzen konnte, einen Sturz in der scharfen Haarnadelkurve nach der ersten steilen Abfahrt gehabt. Doch anscheinend hat er sich nicht schwer verletzt und ist auch gleich wieder aufgestiegen. Und wenn das, was uns die Streckenposten gerade über Funk berichten, wirklich stimmt, befindet er sich im Moment sogar schon wieder an der dritten Position. Also, noch einmal Glück gehabt. Hut ab vor so viel Sportsgeist.«

»Wahnsinn. Mein Sepp an der dritten Stelle«, hatte Babs aufgeregt hin- und herhüpfend dem wildfremden Touristen im weißen Anorak neben sich erzählt. »Vielleicht gewinnt er das Ganze noch. Ich glaub, ich spinne. Super! Das gibt es ja gar nicht.«

»I don't understand.« Der großgewachsene bärtige Mann mit dem Tirolerhut auf dem Kopf hatte sie nur mit großen Augen angelächelt.

Kurz darauf hatte sich der Sprecher erneut zu Wort gemeldet: »Und da sind sie auch schon, unsere Helden. An der Spitze sehen wir die Nummer zwanzig, Walter Steiger aus unserem schönen Heimatstädtchen hier, aus Tegernsee. Das war auch nicht anders zu erwarten. Dicht hinter ihm die Siebenundzwanzig, das österreichische Kraftpaket, Bertl Moser aus Kufstein. Und dann kommt auch schon der Dritte.«

»Jawohl! Da kommt der Sepp!«, hatte Babs laut gerufen und freudig die Arme in den weiß-blauen Himmel gereckt. Doch gleich darauf hatte sie sie wieder heruntergenommen.

»Aber was ist denn das?«, war der Sprecher fortgefahren. »Es ist nicht Sepp Bauer aus Übersee im schönen Chiemgau, der bis vor einer Viertelstunde noch wie der sichere Dritte ausgesehen hat. Nein, es ist die Nummer dreiunddreißig, Ernst Bäcker aus Innsbruck 33. Da hat der Tiroler Routinier dem deutschen Neuling in letzter Minute noch gezeigt, was er drauf hat. Und da kommen sie auch schon ins Ziel.« Die Stimme des Sprechers hatte sich an dieser Stelle vor Aufregung überschlagen. »Walter Steiger gewinnt, zweiter ist Bertl Moser und dritter wird Ernst Bäcker. Sepp Bauer wird leider nur Vierter, direkt hinter den beiden Österreichern. Doch was muss ich da hören, meine Damen und Herren. Ein Streckenposten ruft gerade an und sagt, dass Ernst Bäcker disqualifiziert wird. Wegen Betrugs. Er hat wohl einfach eine Abkürzung genommen. Ja, die Innsbrucker, meine Damen und Herren. Weit entfernt sind sie nicht von Italien, wie wir alle wissen. Also Kommando zurück und neuer, sensationeller dritter Platz für den zum ersten Mal überhaupt in einem offiziellen Rennen gestarteten Sepp Bauer, die Nummer achtundsiebzig.«

Babs musste breit grinsen, während sie die nächste Kurve nahm. Mein Gott, wie hatte sie sich damals für ihren jüngeren Bruder gefreut. Die ganze Nacht hatten sie mit ihren Freunden durchgefeiert.

»Pause?« Wie gewöhnlich nahm Eugen auf seine ganz eigene, sparsame Weise Kontakt mit der Außenwelt auf.

»Nein! Keine Pause! Herrgott noch mal!«, plärrte Karl inzwischen nur noch außer sich vor Wut. »Was soll denn das für eine Bergtour sein, bei der gleich nach einer halben Stunde auf einem Weg, der bloß leicht bergauf geht, nach einer Pause verlangt wird?« Die Adern an seinen Schläfen pulsierten hektisch, drohten regelrecht aus der Haut zu springen. Hätten wir das Nilpferd Erna bloß daheim gelassen, schimpfte er in Gedanken weiter. War doch klar, dass die wieder nur Ärger macht.

»Nun beruhige dich doch wieder, Karl. So schlimm ist das Ganze auch wieder nicht.« Sabine hatte nicht die geringste Lust, sich heute zum zehntausendsten Mal von ihrem aufbrausenden Mann ihren wohlverdienten Sonntag verderben zu lassen. »Man kann doch erst einmal kurz etwas trinken und den Ausblick genießen und danach wieder weiter gehen«, fuhr sie wie eine Pflegerin in der Anstalt fort, die für alle Fälle schon einmal die Beruhigungsspritze aufgezogen hatte. »Dann kommen wir halt ein bisschen später am Gipfel an. Es ist doch erst elf Uhr. Und wenn alle Stricke reißen, fahren wir am Nachmittag einfach mit der Bergbahn wieder hinunter ins Tal!«

»Was? Mit der Bergbahn? Jetzt werde ich aber gleich total wahnsinnig! Man fährt doch nicht mit der Bergbahn, solange man noch zwei gesunde Füße hat! Was ist denn das für eine unmögliche Auffassung vom Bergsteigen? Das ist ja das Allerletzte! Die reinste Schande für jeden Sportler!«

Karl brüllte nicht mehr nur, er schrie und spuckte Galle dabei. Die adrenalin- und alkoholgepeinigten Arterien an seinen Schläfen zuckten immer noch wilder und immer noch schneller. Sein Gesicht lief inzwischen dunkelrot an, und er bekam zwischen seinen Sätzen kaum noch Luft. Dann hörte er schlagartig auf zu schimpfen, so als gehorchte er einem für die anderen unhörbaren Befehl. Er nahm langsam seinen Rucksack ab und stellte ihn sorgfältig neben sich auf den Boden.

Babs hatte gerade eine besonders steile Kurve passiert, als sie einen lauten Schrei über sich hörte. Im nächsten Moment schlug ein menschlicher Körper mit einem dumpfen *Flapp* direkt vor ihr auf dem Kies auf. Vor Schreck fiel die blonde Hobbydetektivin fast vom Fahrrad. Sie bremste heftig und kam zwei Zentimeter vor der Frau zum Stehen. Dass es eine Frau war, die da vor ihr lag, sah sie sofort. Und dass diese Frau stark übergewichtig war, bemerkte sie ebenfalls. Doch woher kam sie auf einmal? Sie musste genau über ihr abgestürzt sein. Luftlinie waren es bis zur übernächsten Kehre etwa zwanzig Meter. Der Hang führte fast senkrecht dort hinauf. Die Ärmste musste die Strecke nahezu im freien Fall zurückgelegt haben. Aber wie konnte man auf dem breiten Forstweg hier abstürzen? Das war doch gar nicht möglich. War sie etwa freiwillig gesprungen? Auf jeden Fall hatte sie bestimmt nicht mehr allzu viele unversehrte Knochen im Leib. Schrecklich.

Hastig stieg sie vom Fahrrad, kniete sich neben sie und tastete nach ihrem Puls. Nichts. Sie schien tot zu sein. »Die Bergrettung aus St. Johann 34 oder aus Kitzbühel muss her.« Babs holte ihr Handy heraus. »Auf jeden Fall.« Sie wählte mit zitternden Fingern die Nummer, gab durch, was geschehen war und beschrieb, wo sie sich befand.

Keine zwanzig Minuten später tauchte der Rettungshubschrauber über ihr auf. Nach der Landung auf einer höhergelegenen Lichtung rannte das Rettungsteam eilig zu ihr herunter.

»Da ist nichts mehr zu machen«, meinte der vielleicht dreißigjährige Notarzt in der orangefarbenen Weste, der sofort versucht hatte, die Frau wiederzubeleben. »Sieht so aus, als hätte sie sich das Genick gebrochen. Was ist passiert? Ich bin übrigens der Bernd Burger aus Kitzbühel.« Er reichte ihr mit einem gewinnenden Lächeln die Hand.

»Babs Bauer«, erwiderte Babs. »Sie fiel auf einmal vom Himmel. Ich schätze, dass sie von da oben abgestürzt ist.« Sie deutete auf die Harnadelkurve direkt über ihnen.

»Also kennen Sie die Frau nicht.«

»Nein.«

»Aber wie kann man hier abstürzen?« Bernd blickte kopfschüttelnd auf den breiten Fahrweg.

»Das frage ich mich auch schon die ganze Zeit. Vielleicht ist ihr schwindelig geworden. Oder sie ist freiwillig gesprungen. Oder es hat sie jemand geschubst.«

»Dann müssen wir aber auf jeden Fall die Gendarmerie benachrichtigen. Und wir müssen sie solange liegen lassen. Wegen der Spurensicherung.«

»Wohl wahr.« Babs musste trotz der ernsten Lage grinsen. Wahrscheinlich liest er genauso gerne Krimis wie ich, dachte sie. Und gut ausschauen tut er auch noch mit seinen blauen Augen. Ob er verheiratet ist? Ruhe, Babs Bauer. Also wirklich. Flirten kannst du später. Das hier ist gerade weder die richtige Zeit noch der richtige Ort dafür.

»Ich ruf an.« Bernd holte sein Handy aus der Jacke und wählte die Nummer der Gendarmerie in Kitzbühel.

Babs hatte gemeinsam mit Bernd Burger auf die Gendarmerie gewartet und zu Protokoll gegeben, was sie erlebt hatte. Die Gendarmen waren bis zur übernächsten Kehre hochgestiegen, um dort nach Spuren zu suchen. Als sie zurückgekehrt waren, hatte der Dienstälteste gemeint, dass die Frau wahrscheinlich selbst gesprungen oder ausgerutscht sei. Vielleicht wäre ihr ja schwindelig gewesen. Einen Mord könne man mit ziemlicher Sicherheit ausschließen. Ganz genau könne man das aber erst nach der Obduktion sagen. Kampfspuren wären jedenfalls keine zu entdecken gewesen. Falls Babs noch etwas einfiele, dürfe sie ihn aber gerne anrufen, hatte er zum Schluss gemeint und ihr seine Visitenkarte ausgehändigt.

Bernd hatte ihr, bevor er ging, auch seine Kontaktdaten gegeben, für den Fall, dass es sie einmal zufällig nach Kitzbühel verschlage, wie er meinte. Man könne dort ja zum Beispiel einmal gemeinsam Essen gehen.

Er kenne da ein sehr exquisites kleines Lokal. Sie hatte die Karte mit seiner privaten Telefonnummer dankbar lächelnd angenommen und ihm versprochen, dass sie ihn bestimmt bald anrufen würde, was er wiederum mit einem hoffnungsfrohen Lächeln quittiert hatte. Dann hatten sie sich zum Abschied sehr lange die Hände geschüttelt und sich dabei noch länger in die Augen gesehen.

Jetzt strampelte sie weiter bergauf. Natürlich grübelte sie dabei als routinierte Hobbydetektivin immer noch darüber nach, wie die Frau umgekommen sein könnte. War sie wirklich ausgerutscht oder selbst gesprungen?

Eine Dreiviertelstunde später stieß sie schwitzend und schnaufend auf eine schweigsame Gruppe Bergwanderer, die sich auf einem großen blankgeschälten Fichtenstamm am Wegesrand ausruhten. Eine Familie, so wie es aussah. Babs hielt neben ihnen an, um etwas zu trinken.

»Heiß heute!« Sie öffnete freundlich lächelnd ihre Wasserflasche.

»Wohl wahr«, erwiderte die ungefähr fünfzigjährige schlanke Frau rechts von ihr. Sie lächelte zurückhaltend.

Babs trank ausgiebig. Dann schraubte sie die Flasche wieder zu und legte frischen Lippenstift auf. Sie ärgerte sich immer noch darüber, dass sie das vorhin, bevor Bernd an die Unfallstelle gekommen war, vergessen hatte. Mit frischem Lippenstift sah man einfach besser aus.

»Mist. Ich habe mein ganzes Wasser schon ausgetrunken«, meinte die unruhig auf ihrem Platz hin- und herrutschende junge Frau an der Seite der älteren, der Ähnlichkeit ihrer Gesichtszüge nach wahrscheinlich ihre Tochter. Sie schielte sehnsüchtig auf die Flasche in Babs' Hand.

»Magst du etwas von meinem?«, bot ihr Babs ohne zu zögern an. »Ich habe noch eine frische Flasche dabei.«

»Ehrlich? Das wäre total super.« Die wohlproportionierte Blondine sprang auf und kam schnell näher.

»Aber Kind. Das tut man doch nicht«, protestierte die Fünfzigjährige. »Wir sind doch sowieso bald oben. Dann kannst du trinken soviel du willst.«

»Ich habe aber jetzt Durst, Mama.« Sie nahm die Flasche, die ihr Babs reichte, schnell entgegen und öffnete sie.

»Hör auf das, was deine Mutter sagt, Mädchen. Sonst gibt es Ärger«, meldete sich der massige ältere Mann zu Wort, der mit einem schmalen jungen Mann – wohl der Sohn oder Schwiegersohn – ein Stück abseits der beiden saß.

»Ach komm schon, Papa. Ich muss was trinken.« Die junge Frau zog einen Flunsch, während sie den abgeschraubten Verschluss der Flasche unschlüssig in der Hand hielt.

»Lassen Sie nur. Ich habe genug Wasser«, beschwichtigte ihn Babs. Sie ist doch bestimmt Mitte zwanzig, dachte sie mit Blick auf seine Tochter. Merkwürdig, dass sie sich in ihrem Alter noch derartig bevormunden lässt. Ich hätte meinen Eltern was gehustet. Na ja, habe ich wohl auch, feixte sie im Stillen.

»Aber wir wollen Ihr Wasser nicht«, meckerte er weiter und erhob sich zu voller Lebensgröße. »Haben Sie verstanden?«

»Es ist nur Wasser.« Babs schüttelte ungläubig den Kopf. Wie ist der denn drauf? So was Unfreundliches habe ich ja schon lange nicht mehr erlebt.

»Du gibst das Wasser zurück und setzt dich auf der Stelle wieder neben deine Mutter.« Er warf seiner Tochter einen giftigen Blick zu. Seine Stimme wurde lauter. Er klang äußerst gereizt, so als wäre er nicht ganz bei sich.

»Tu ich nicht.«

»Tust du doch.« Er wurde noch lauter, bekam einen knallroten Kopf. Die Adern an seinen Schläfen traten pochend hervor.

»Ich bitte euch«, mischte sich die Mutter ein. »Beruhigt euch doch wieder.«

»Halt deine Klappe, Frau!« Er ballte seine klobigen Hände zu Fäusten. »Ich will mich nicht beruhigen.«

»Ich auch nicht!«, kam es von der Tochter.

»Hey, Moment mal.« Babs wurde es nun eindeutig zu blöd. »Wie kann man denn wegen einem Schluck Wasser bloß so einen Aufstand machen? Ich habe es doch nur gut gemeint. Nun lassen Sie Ihre Tochter schon trinken. Ist auch bestimmt nicht vergiftet.« Trotz der in ihr aufsteigenden Empörung brachte sie irgendwie noch ein schiefes Lächeln zustande.

»Du kommst sofort her!« Der Mann ignorierte Babs Angebot weiterhin. Er tat so, als wäre sie gar nicht da.

»Tu ich nicht.« Seine Tochter stampfte mit dem Fuß auf.

»Du kommst auf der Stelle her, sonst …«, schrie er außer sich vor Wut und machte einen Schritt auf sie zu.

»Sonst *was*?«, schrie sie genauso zornig zurück. »Willst du mich dann wie Tante Erna den Berg hinunterschubsen? Und wie bei ihr den anderen drohen, dass es ihnen genauso geht, wenn sie jemandem etwas verraten?«

Einen Moment lang hörte man nur noch die Vögel zwitschern, die es sich auf den Ästen der Bäume ringsumher bequem gemacht hatten. Und den Wind, der durch die Blätter fuhr, den hörte man auch. Dann trat Babs ein paar Schritte zurück, kramte mit entschlossener Miene ihr Handy aus dem Rucksack und rief bei der Gendarmerie in Kitzbühel an.

29 Tipp 73: Kössen ist ein traumhafter Ski- und Wanderort im Kaisergebirge. Schneesicher, Pisten für jeden Geschmack und jede Könnerstufe. Im Sommer besuchenswert ist das Erlebnis-Waldschwimmbad.

30 Tipp 74-87: In München finden sich unzählige Sehenswürdigkeiten. Um nur ein paar der Wichtigsten hervorzuheben: Das Olympiagelände, das Haus der Kunst, der Lehnbachpalast, die Staatskanzlei, das Hofbräuhaus, die alte und die neue Pinakothek, das Rathaus mit dem Glockenspiel, das Valentinmuseum, die Staatsoper, das Gärtnerplatztheater, der Englische Garten, der Friedensengel, der alte Peter, der Fernsehturm, die Fußgängerzone mit ihren Läden und Kaufhäusern usw.

31 Tipp 88-92: Holzkirchen. Gemeinde südöstlich von München mit zahlreichen Baudenkmälern. Unter anderem sehenswert sind z.B. St. Laurentius, Kriegerdenkmal Holzkirchen, Museum altes Schloss Valley, Bergbaumuseum Hausham.

32 Tipp 93: Unterberghorn. Herrliches Wandergebiet bei Kössen. Der Abstieg von der Gipfelstation der Unterberghornbahn über die Lackalm wird nur für trittsichere schwindelfreie Bergsteiger empfohlen.

33 Tipp 94-110 :Innsbruck. Alpenmetropole mit vielen Sehenswürdigkeiten und herrlichen Berggipfeln rundherum. Besonders erwähnenswert sind die Bergisel Sprungschanze, die historische Altstadt, insbesondere das goldene Dachl und die Triumphpforte sowie die Annasäule, das Tiroler Landesmuseum Ferdinandeum, die Spitalkirche, St Peter, der Dom zu St. Jakob, die Hofburg, die Hofkirche, das Schloss Ambras, der botanische Garten, der Alpengarten Patscherkofel, die Innsbrucker Nordkettenbahn und die gesamte Bergwelt.

34 Tipp 111-116: St. Johann. Beliebter Ski- und Urlaubsort in Tirol, nahe Kitzbühel. Ein Besuch im Wildpark Aurach, dem größten Freigehege Tirols ist allemal lohnend. Ebenfalls empfehlenswert sind das Schaubergwerk Kupferplatte in Jochberg, der Triassic Park (lebensgroße Dinos zum Anfassen) auf der Steinplatte in Waidring, sowie zahlreiche Wanderungen. Aber auch von oben kann man die Natur hier betrachten, beim Ballonfahren über den Alpen.

AUF DEM WEIHNACHTSMARKT

Auch heuer wurde Ende November im schönen Traunstein, der Vaterstadt von Ex-Papst Benedikt, wieder der traditionelle Christkindlmarkt eröffnet. Man hatte dafür den großzügigen Stadtplatz 35 in der historischen Altstadt zur feierlich geschmückten und bunt beleuchteten Geschenkemeile umfunktioniert, wo nun bis kurz vor Weihnachten Reich und Arm, Dick und Dünn, Groß und Klein einträchtig vereint bei Glühwein, Jagertee, Hochprozentigem, Bratwürsten und Plätzchen zusammenstehen würden.

Hauptkommissar Sepp Bauer und seine ältere Schwester Babs aus Übersee waren heute, wie jedes Jahr, am ersten Samstagabend hergekommen, um sich mit Freunden und Bekannten zu treffen und das vorweihnachtliche Ambiente bei ein oder zwei Gläschen zu genießen. Mit von der Partie waren Christiane und Hans Moser aus Reit im Winkel 36, Ludwig Bär, einer von Sepps Kollegen bei der Kripo hier in Traunstein, und Ferdl und Harry, zwei alte Bekannte aus der Jugendzeit, mit denen Babs und Sepp immer noch lockeren Kontakt hielten, obwohl sie sich längst mit ihnen auseinandergelebt hatten. Sprich: nach der Schule war jeder seiner Wege gegangen. Die Wege von Babs und Sepp waren dabei ganz sicher nicht die von Ferdl und Harry gewesen, die beide bis heute bei ihren Eltern wohnten, gelegentlich als Bauhelfer in der Region arbeiteten oder alternativ dazu in den umliegenden Wäldern Bäume für den Förster schlugen. Matze war ebenfalls gekommen, der unauffällige schüchterne Architekt aus Rosenheim, ein alter Freund von Sepp.

Alle hatten wegen des frühen Wintereinbruchs warme Anoraks, Mützen und ihre Winterstiefel angezogen. Und Regina, eine gute Freundin von Babs, wollte später auch noch von München aus herfahren. Ganz sicher, hatte sie versprochen, als sie Babs vorhin noch einmal vom Büro aus angerufen hatte. Das glaube wer will, hatte sich Babs nur gesagt. Sie kannte ihre Pappenheimer schließlich und ahnte, dass die ehrgeizige Mediengestalterin aus der Landeshauptstadt bestimmt wieder mal lieber Überstunden schob, als sich mit ihr zu amüsieren.

Wie jedes Jahr ließen die köstlichen Bratwürste sowie die hausgemachten Plätzchen und Lebkuchen jeden noch so strengen Diätvorsatz auf der Stelle vergessen. Und wie jedes Jahr herrschte allerorten ein lautes, fröhliches und zumeist auch friedliches Miteinander. Man rief sich freundliche, aufmunternde Grußworte zu und stieß dem Nachbarn den Ellenbogen in die Seite, um ihn auf dieses oder jenes oder diesen oder jene aufmerksam zu machen. Fast schon so, wie in einem ans Herz gehenden, wunderschön schmalzigen Heimatfilm.

Doch leider gab es, wie jedes Jahr, auch heuer wieder den einen oder anderen Gast, der anscheinend nicht glücklich war, wenn er nicht stänkern konnte. Ferdl zum Beispiel war einer von diesen einen oder anderen. Sein bester Freund Harry ein anderer. Es war wirklich immer dasselbe. Egal, wo die beiden hinkamen, nach einem gewissen Quantum Alkohol fingen sie mit irgendeinem Schmarrn an. Erst blödelten sie dabei meistens nur ausgelassen herum. Aber oft genug wurde aus ihren derben Späßen auch schnell einmal bitterer Ernst.

Wer Ferdl und Harry gut kannte, hatte nichts von ihnen zu befürchten. Im Gegenteil, im Kreis ihrer Freunde waren die beiden, bis auf sehr seltene Ausnahmen, immer bestens gelaunt und freuten sich des Lebens. Doch wehe, es kamen ihnen irgendwelche Fremden ins Blickfeld, die ihnen nicht in den Kram passten. Dann war der Ärger meistens schon so gut wie vorprogrammiert. Dabei waren sie alle beide nicht einmal besonders groß und kräftig, eher klein und schmal. Aber dafür extrem angriffslustig und sehr schnell reizbar.

»Hey, ihr Kaschperl. Haltet gefälligst euren Schrazen fest, wenn er nicht ruhig stehen bleiben kann. Oder soll der Depp uns bei seiner andauernden Rennerei vielleicht noch die Glühweinhaferl umschmeißen?« Mit glasigen Augen schielte Ferdl zu dem alternativ im asiatischen Stil gekleideten Paar am zweiten Stehtisch seitlich von ihnen hinüber.

Doch die ließen sich von ihm nicht provozieren, zumal ihnen das Kind, das Ferdls Unmut erregte, offensichtlich überhaupt nicht gehörte. Sie beantworteten seinen schrägen, betrunkenen Blick einfach nur mit einem geduldigen, sanftmütigen Lächeln. Die

Frau nahm auch gleich noch einen großen Schluck von ihrer Bionade, die sie sich gerade zu ihren zwei kleinen Soja-Sushis und der großen Tüte mit den karamellisierten Bachblüten bei dem normalerweise nur wenig frequentierten Stand mit den gesunden Lebensmitteln geholt hatte.

»Hört ihr schlecht, ihr Pseudohippies, ihr japanischen?« Ferdl wurde laut. »Passt auf euren Schrazen auf, hab ich gesagt. Sonst mach ich es.«

»G, g, g, genau!«, stimmte Harry ein. Obwohl er bereits vorhin in der Brauereiwirtschaft drei Halbe mehr intus gehabt hatte als Ferdl, bekam er immer noch mit, dass sich hier gerade möglicherweise eine ausgewachsene Chance auf eine schöne kleine Rauferei auftat. »U, u, u, und wenn euch unsere B, B, B, Bratwürste nicht gut genug sind, dann g, g, g, geht doch auf die Weide zum Fressen, wenn ihr einen Hunger habt. D, d, d, da gibt's genug Klee, für so, so, solche wie euch!«

Das alternative Paar lächelte wiederum nur freundlich zurück und drehte den beiden Trunkenbolden anschließend den Rücken zu. Das Böse einfach nicht wahrnehmen, dann kommt es auch nicht näher. So hatten sie es vor einem Jahr bei ihrem letzten dreiwöchigen Selbsterfahrungskurs in Indien gelernt.

Bisher hatte das auch immer gut funktioniert.

Heute blieb jedoch zu befürchten, dass ihnen nicht einmal die schönste fernöstliche Schicksalstaktik etwas nützte. Denn wenn Ferdl und Harry eins auf den Tod nicht ausstehen konnten, waren es weltfremde Spinner, die einem auch noch den Rücken zudrehten, wenn mit ihnen geredet wurde.

»Jetzt ist es aber wieder gut, Burschen. Die beiden haben doch niemandem etwas getan.« Immer dasselbe mit unseren Suffköpfen, dachte Sepp, der gerade mit Hans vom Glühweinholen zurückkam. Warum nehmen wir sie eigentlich immer noch hierher mit?

Doch Ferdl und Harry hörten ihm gar nicht zu.

»Hey, Sushiarschloch! Schau mich an, wenn ich mit dir rede!« Ferdl wurde noch lauter. »Du sollst deinen Schrazen festhalten, sonst wird er mit der Zunge an den Tisch genagelt. Hast du das jetzt verstanden? Ist das jetzt bei dir angekommen, du Psycho?«

»G, g, genau. Scheißplüschologen! Diese Plüschologen sperren die Mö, Mö, Mörder doch bloß ins Irrenhaus. Und nach einem Jahr lassen die sie dort wieder raus und da, da, da dann bringen die Mö, Mö, Mörder ihr nächstes Opfer um.« Harry krakeelte wie ein angeschossener Hooligan durch die Gegend. »Und alles b, b, b bloß wegen d, d, den Scheißplüschologen!«, schickte er noch hinterher.

»Ferdl! Harry! Jetzt reicht es aber wirklich. Nicht immer derselbe Schmarrn, bitte.« Hans wollte wie jeder andere hier einfach nur seine Ruhe haben. Vorsichtig stellte er die drei heißen Glühweinhaferl, die er in der Hand hatte, auf dem Tisch ab.

»Aber echt! Aufhören, ihr zwei! Denkt lieber mal nach, was ihr euren Müttern zu Weihnachten schenken wollt«, versuchte es Christiane mit der ganzen Autorität einer widerspenstige Männer gewöhnten

Abteilungsleiterin Anfang vierzig. Das gibt es doch gar nicht, dachte sie kopfschüttelnd. Die beiden Platzhirsche versauen uns noch den ganzen Abend, wenn es so weitergeht. Dabei ist es so schön winterlich und friedlich mit den dicken Schneeflocken und der festlichen Beleuchtung überall.

»Psychologen eins aufs Maul, Psychologen eins aufs Maul, und dem Sushiwichser auch noch eine rein. Psychologen eins aufs Maul, Psychologen eins aufs Maul, ja, heut hauen wir die Müslideppen klein!« Ferdl hatte die Melodie des Vogeltanzes kurzerhand mit einem neuen Text versehen und präsentierte sein Werk lauthals krähend allen Umstehenden.

»Du bist ein Arschloch! Ein Riesenarschloch! Ein Arschloch, Arschloch, ein Arsch bist du!«, fiel Harry mit einem grässlich geleierten Singsang ein, der weit entfernt an eine mongolische Fußballhymne erinnerte.

»Geh, seid doch endlich still, ihr blöden Deppen, ihr besoffenen. Muss denn das jedes Mal sein, mit euch beiden?« Bertl Weinmoser am Nebentisch, der vorhin mit seinem alten Freund Hermann Haberl von zu Hause aus eine halbe Stunde lang durch das Schneegestöber hermarschiert war und jetzt endlich seinen ersten langersehnten Jagertee vor sich hatte, schaute die beiden Streithähne giftig an. Natürlich kannte er sie, wie die meisten anderen Umstehenden, bereits seit der Kindheit. »Oder wollt ihr lieber gleich eine auf die Zwölf, wie schaut's aus?«, fügte er hinzu.

»Hört auf und zwar alle. Ferdl! Harry! Bertl! Ja, Herrgott noch mal! Spinnt ihr denn? Wegen nix und wieder nix das Streiten anfangen. Das gibt es doch gar nicht, so was! Bald ist Weihnachten.« Weil er eigentlich mit allen Beteiligten schon ewig lange befreundet war, hatte Sepp gerade überhaupt keine Lust mehr auf die inzwischen mehr als peinliche Szene.

»Eben. Hört auf zu spinnen. Wir wollen hier einfach nur was trinken. Zum Stänkern könnt ihr ins Braustüberl 37 rübergehen. Da werden sie euch schon Bescheid stoßen.« Babs lief vor Empörung rot an.

»Was sagst du da, Weinmoser? Eine auf die Zwölf?« Ferdl ignorierte Babs genauso wie er Sepp erneut links liegen ließ. Er hatte nur noch Augen für einen. Für den Mann, der ihn schon zu Schulzeiten immer verprügelt hatte. Natürlich nur, weil Bertl damals wie heute der wesentlich Ältere gewesen war. Aber heute würde ihm das ganz bestimmt nicht zum Vorteil gereichen. So viel war sicher. »Meinst du damit vielleicht uns, Weinmoser?« Ferdl deutete mit dem Finger auf sich und Harry. Ungläubiges Erstaunen machte sich auf seinem vor Wut verzerrten Gesicht breit.

»Genau euch zwei meine ich, du Kaschperlkopf, du unseliger. Oder steht da vielleicht sonst noch wer an eurem Platz? Jedes mal ist es dasselbe Theater mit euch, wenn Fremde dazu kommen.« Bertl ließ sich nicht im Mindesten von Ferdls wildem Blick beeindrucken. Schließlich hatte er ihm als junger Mann oft genug eine Lektion erteilt, und so alt und morsch, wie manch einer denken mochte, war er mit seinen fünfzig Jahren noch lange nicht. Daran änderten auch die vier Maß, die er heute Nachmittag im Wirt in Ruhpolding [38] gehabt hatte, nichts. Meinte er zumindest. Einen Kopf größer als Ferdl war er außerdem.

»Das ist dein Tod, alter Mann!« Blind und rot vor Zorn begann Ferdl zu toben. »Dich bring ich um! Das überlebst du nicht!«, brüllte er. Zum Beweis dafür zog er den Hirschfänger aus dem Futteral an seinem Gürtel und rammte ihn geradewegs in das honigbraune Holz des wackeligen Stehtisches.

»Ferdl, aus! Schluss, Ende jetzt!« Auch Sepp konnte brüllen. Anscheinend aber nicht laut genug. Jedenfalls ließ sich Ferdl immer noch nicht von ihm beeindrucken.

»Komm halt her, wenn du dich traust, Ferdl. Du trauriges Bürscherl, du windiges.« Bertl strich sich mit der rechten Hand über seinen mächtigen schwarzen Schnurrbart. Langsam richtete er sich zu voller Größe und Breite auf. Er schien immer mehr Gefallen an dem Gedanken zu finden, dem ungezogenen Saufbold vor ihm eine Saubere aufzustreichen.

»Ferdl, jetzt hörst du aber wirklich auf! Und du hörst auch auf, Bertl! Ja, ist euch denn allen zu heiß vom Glühwein, oder was ist los?« Ludwig, dem als leidgeprüftem Hauptkommissar bei der Kripo derart kindische Alphatierrituale normalerweise eigentlich eher egal waren, langte das saublöde Hin und Her nun ebenfalls. Schließlich wollte doch jeder hier einfach nur in Ruhe ein paar Haferl trinken und danach wie jedes Jahr selig beschwipst nach Hause gehen. Was sollte da so ein künstlich aufgeheizter Aufstand? Sollten sie doch in die Traun [39] springen und dort ihre Gemüter abkühlen. Völlig verständnislos schüttelte er den Kopf.

»Also, ich trink meinen Glühwein auch lieber in Frieden als bei so einem kindischen Bauerntheater.« Christiane schüttelte ebenfalls den Kopf.

Aber Ferdl gab nicht nach. Genauso wenig wie sein Kontrahent. Noch bevor einer der Umstehenden reagieren konnte, rannten sie wie zwei angeschossene Gamsböcke mit gesenkten Köpfen aufeinander zu und droschen im nächsten Moment wild aufeinander ein. Bertl ging dabei nach kurzer Zeit zu Boden. Ferdls Faust stieß daraufhin in Ermangelung eines Ziels schwungvoll ins Leere. Als Folge davon verlor er das Gleichgewicht und fiel ebenfalls hin, allerdings nicht ohne währenddessen weiterhin blindlings um sich zu schlagen. Harry stand daneben und feuerte seinen Spezi lautstark an.

Sepp hatte seine Schockstarre als Erster überwunden. Er stellte seinen Glühwein ab, packte Ferdl von hinten und zog ihn von Bertl weg. Babs blickte fassungslos auf das Geschehen. Im selben Moment kniete sich Harry zu dem immer noch am Boden liegenden Bertl hinunter und begann damit, ihn an Ferdls Stelle weiter zu vermöbeln. Hans warf sich reaktionsschnell dazwischen, bekam dabei aber zu seinem Leidwesen Harrys Fuß mitten in die Kronjuwelen. Christiane sah das und begann wie eine Furie von hinten mit ihren kleinen Fäusten auf Harrys Kopf einzutrommeln. Ludwig trat unterdessen von der Seite aus nach Harry, und traf dabei nunmehr ihn punktgenau zwischen den Beinen. Mit dem Ergebnis, dass Harry wie ein Schlauchboot, in das jemand ein riesiges Leck geschlagen hatte, in sich zusammenfiel.

In die dadurch entstehende Zwangspause hinein postierte sich ein kleines altes Mütterlein im dunkelgrauen Pelzmantel am Rande des Schlachtfeldes. »Sagt einmal, Herrschaften. Geht es euch eigentlich zu gut?« Ihre erstaunlich klare und durchsetzungsfähige Stimme hallte von den Häuserwänden wieder. »Wenn jetzt nicht auf der Stelle eine Ruhe ist, dann gibt es aber zünftig was hinter die Löffel. Was ist denn das für ein schreckliches Benehmen?«

Mit einem Schlag war es still rund umher. Jeder lauschte nur noch gebannt, wie es nun weiterginge.

»Wenn ihr nicht anständig sein könnt, dann geht nach Hause und schlaft dort euren Rausch aus«, fuhr sie fort. »Habt ihr mich verstanden? Oder muss es wirklich erst eine ordentliche Tracht Prügel setzen?«

»Entschuldigung, Frau Reifenstein. Tut uns leid. Wir hatten halt wieder mal einen Schluck zu viel.« Reumütig und zerknirscht blickte Ferdl aus Sepps unbarmherzigem Polizeihaltegriff heraus zu dem strengen, von zahllosen Falten zerfurchten Gesicht seiner ehemaligen Klassenlehrerin hinüber. »Aber wir reißen uns ab sofort zusammen«, fuhr er fort. »Versprochen. Großes Pfadfinderehrenwort.«

»Der Ferdl natürlich. Wer sonst?« Frau Reifenstein schüttelte missbilligend den Kopf. »Du warst schon zu Schulzeiten ein Taugenichts. Und so wie es aussieht, hat sich daran bis heute nichts geändert.«

»Doch, Frau Reifenstein. Ich arbeite regelmäßig. Mir tut es auch leid, was da gerade passiert ist. Aber der Bertl, der hat mich früher so oft verhauen, da wollte ich wenigstens einmal auch der Sieger sein.« Ferdl grinste schief.

»Also werdet ihr nun Ruhe geben?« Frau Reifensteins wasserblaue Augen blitzten streng.

»Jawohl, Frau Reifenstein.« Als Zeichen seines guten Willens wandte sich Ferdl den Umstehenden zu. »Entschuldigung, die Damen und Herren. Wir waren ein bisserl ungemütlich. Das wird nicht wieder vorkommen.«

»Jawohl. Entschuldigung sehr g, g, geehrte A, A, Anwesende!« Auch Harry zeigte sich einsichtig. Was hätte er auch ganz alleine weiter gegen die anderen ausrichten sollen. »Wir t, t, t, trinken erst einmal ein Wa, Wa, Wasser.«

»Das wird wohl das Beste sein«, murmelte Bertl, der inzwischen wieder aufgestanden war und sich mit einer Serviette das Blut aus dem Gesicht wischte. »Nicht einmal richtig getroffen habt ihr mich, weil ihr so einen Rausch habt, ihr Anfänger.«

»Tut mir leid, Bertl«, erwiderte Ferdl, wobei keiner der Umstehenden genau hätte sagen können, wie er das nun eigentlich meinte. »Sind wir wieder gut?«

»Von mir aus.« Bertl grinste.

»Also gut, dann gebt euch die Hand und vertragt euch wieder.« Sepp ließ Ferdl los.

Der rappelte sich umständlich in die Höhe und tat sogleich, wie ihm vom Herrn Hauptkommissar geheißen wurde. »Ich gebe dir einen Jagertee mit Schuss aus, Bertl. Einverstanden?«

»Einverstanden.«

Da nun augenscheinlich wieder vorweihnachtlicher Frieden eingekehrt war, sah das alternative Pärchen noch einmal kurz zu den Kombattanten herüber und lächelte sanft. Dann verließen die beiden das Straßenfest und wussten dabei einmal mehr, dass auf die gute alte asiatische Gewaltlosigkeit letztlich halt doch immer wieder Verlass war.

FREIZEITTIPPS:

35 Tipp 117-121: Historischer Stadtplatz Traunstein. Sehenswert sind auch das Druckereimuseum, das Brauereimuseum, das Salinenviertel Au und die Stadtpfarrkirche.

36 Tipp 122-123: Reit im Winkel. Geburtsort der zweifachen Olympiasiegerin Rosi Mittermeier. Wunderschönes Skigebiet im Winter. Im Sommer Wandergebiet mit Almen und sanften Aufstiegen.

37 Tipp 124: Bräustüberl Hofbräuhaus Traunstein. Urige geschichtsträchtige Traditionsgaststätte direkt am Stadtplatz gelegen. Hier kann man in typisch bayrischem Ambiente prämierte Biere trinken und die einheimische Küche genießen.

38 Tipp 125-136: Ruhpolding. Überregional bekannter und beliebter Urlaubs-, Kur-, und Wanderort in den Chiemgauer Alpen. Es gibt hier wunderschöne Langlaufloipen und das Biathlon-Leistungszentrum. Im Winter finden Biathlon Weltcups statt. Besonders erwähnenswert sind außerdem die Rauschbergbahn, das Holzknechtmuseum, der Schnauferlstall (Motorradausstellung mit Modellen ab Bj. 1924) und der Freizeitpark. Leckeres Essen und Trinken gibt es im Berggasthaus Butz'nwirt, im Mandarin, in der alten Säge und vor allem bei der Windbeutelgräfin.

39 Tipp 137: Traun. Die Traun ist der Fluss, nach dem unter anderem Traunstein und Traunreut benannt wurden. Von Siegsdorf aus mündet sie nach 27 Kilometern bei Altenmarkt in die Alz. Fliegenfischen ist hier genauso möglich wie das Baden im Sommer.

DER TOTE KRAMPUS

Es war gerade mal kurz nach acht, neblig und kalt. Babs' Atem bildete kleine Wolken vor ihrem Gesicht. Sie stieg aus ihren Langlaufskiern, um sich schnell hinter dem großen Holzstapel seitlich der Seen Loipe 40 zu erleichtern. Konnte ja jedem mal passieren, dass er das zu Hause vergessen hatte. Außerdem würde sich garantiert niemand daran stören, da sie allein unterwegs war. Weit und breit war niemand zu sehen. Babs liebte es, im Morgengrauen zu laufen. Deshalb war sie bereits um halb acht aufgestanden, als es noch duster gewesen war.

Hinter dem von Menschenhand geschaffenen Sichtschutz angekommen, blieb sie wie angewurzelt stehen, hob erschrocken die Hand vor den Mund und knöpfte dann ihren Anorak erst einmal wieder zu. Der Krampus 41 vor ihr saß mit dem Rücken gegen die aufgeschichteten Holzscheite gelehnt. Seine blauen Augen starrten weit geöffnet und leblos in Richtung seiner Fußspitzen. Auf seinen dunklen Haaren, den Wimpern und auf seinem Vollbart und dem vorne offenstehendem traditionellen Schaffellmantel hatte sich Raureif niedergelassen. Seine Maske mit den Ziegenbockhörnern lag direkt neben ihm im Schnee. Die Glocken, die er normalerweise am Gürtel tragen sollte, ebenfalls. Er musste beides abgelegt haben, bevor er hier erfroren war. Seine Hose und seine Unterhose waren bis zu den Kniekehlen heruntergezogen.

Hatte er hier etwa ähnlich wie Babs ein dringendes Bedürfnis erledigen wollen und war darüber eingeschlafen? Aber wie erklärte sich dann die eis- und blutverkrustete Beule oberhalb seiner Schläfe? Hatte ihm etwa jemand den Schädel eingeschlagen, während er sich hier hingekauert hatte, um was auch immer zu tun? Möglich war's. Aber natürlich konnte er auch ebenso gut vorher niedergeschlagen worden sein. Die Schleifspuren, die von dem kleinen Dickicht aus, hinter dem gleich die Bundesstraße lag, hier herüber führten, legten jedenfalls die Vermutung nahe, dass man ihn wie einen Sack hergeschleppt hatte.

Vielleicht war er zu diesem Zeitpunkt bereits tot gewesen, und sein Mörder hatte ihn gegen den Holzstapel gelehnt, um einen natürlichen Tod vorzutäuschen. Wobei sich wiederum die Frage stellte, wieso dann seine Hose heruntergezogen war. Das machte doch gar keinen Sinn. Oder war seine Kopfverletzung gar nicht tödlich gewesen? War er stockbetrunken oder ohnmächtig hergebracht worden und einfach nur erfroren? Mittendrin war er dann kurz aufgewacht und hatte seine Hose heruntergezogen? Das klang reichlich absurd. Aber angenommen es war so, dann wäre es dennoch Mord oder zumindest fahrlässige Tötung gewesen, ihn einfach so hier liegen zu lassen.

Babs wandte sich von dem gruseligen Anblick ab, holte mit immer noch vor Schreck und Aufregung zitternden Händen ihr Handy aus der Anoraktasche und rief ihren Bruder Sepp an.

»Sepp? Du musst sofort zur Seen-Loipe kommen«, legte sie blitzschnell ohne Begrüßung los, nachdem er abgehoben hatte. »Hier sitzt ein Toter, gleich neben der Bundesstraße bei einem großen Holzstapel, ungefähr 1000 Meter vom Bahnhof entfernt. Sieht so aus, als wäre er gewaltsam umgekommen. Oder auch nicht. Ich weiß es nicht.«

»Nicht mal am Samstag hat man seine Ruhe. Muss das wirklich sein, Babs?« Sepp hörte sich unwillig an, versprach aber sofort aufzubrechen. Er legte grußlos auf.

Der hat gestern wohl zu ausgiebig Nikolaus gefeiert, dachte Babs kopfschüttelnd und begab sich zur Straße vor.

Eine knappe Dreiviertelstunde später bremste Sepps Dienstwagen neben ihr. »Und? Wo ist jetzt deine Leiche?«, erkundigte er sich genervt, ohne sie anzusehen.

»Da.« Sie zeigte in Richtung der Loipe und sah ihn dabei ebenfalls nicht an. Bin ich halt auch unhöflich, du grantiger Büffel, dachte sie.

»Na, dann. Auf geht's.« Er stapfte missmutig durch den knöchelhohen Schnee.

Babs trottete ihm hinterher und weihte ihn unterdessen in ihre vorhin gemachten Beobachtungen und Schlussfolgerungen ein.

»Moment mal, den kenn ich doch«, entfuhr es Sepp erstaunt, als sie bei dem Toten ankamen. »Das ist Werner Bäcker aus Inzell [42]. Der war gestern mit noch zwei anderen Krampussen und dem Nikolaus, Bernd Graser, den kennst du auch, auf unserer Nikolausfeier in der *alten Säge* [43] vorne.«

»Ach, ihr habt gestern gleich hier ums Eck gefeiert? Das nenne ich aber mal einen Zufall.«

»Das kannst du laut sagen, Schwesterlein. Wer hat den denn so zugerichtet?« Er schüttelte ungläubig den Kopf, während er sich neben dem Toten niederkniete und damit begann, ihn eingehender zu betrachten.

»Meinst du also auch, dass es eine Gewalttat war?« Babs sah ihn abwartend an.

Sepp nickte. »Schaut so aus, als ob ihm der Schädel eingeschlagen wurde.« Er klang jetzt nicht mehr grantig, eher schockiert und nachdenklich.

»Also doch. Wer tut denn so was?«

»Das werden wir herausfinden.« Sepp holte sein Handy heraus. »Ich rufe auf jeden Fall die Spurensicherung und unseren Doktor an. Die können hier am besten weiterhelfen. Gut, dass du nicht zu viel in den andern Spuren herumgetrampelt bist.«

»Logisch. Man ist ja selbst fast ein Profi.« Babs lächelte ein kleines bisschen verlegen.

Die SpuSi und der Arzt rückten nur wenig später an und machten sich an ihre Arbeit. Babs und der unausgeschlafene Sepp setzten sich solange ins Auto.

»Seine Schädeldecke ist mehrfach gebrochen.« Der Polizeiarzt war ans Fahrerfenster getreten, um den Hautkommissar von seinen vorläufigen Untersuchungsergebnissen zu unterrichten. »Ich bin mir sicher, dass er daran gestorben ist. Zwischen zwölf und drei Uhr letzte Nacht. Es müssen zwei, drei kräftige Schläge mit einem stumpfen Gegenstand gewesen sein. Zum Beispiel ein Baseballschläger oder ein

Wagenheber. Aber auch ein Hammer käme in Frage. Genaueres wissen wir aber erst, nachdem die Rechtsmedizin dran war.«

»Besten Dank, Doktor.« Sepp stieg aus und wandte sich an die Leute von der SpuSi: »Ich brauche alles, was ihr finden könnt, spätestens heute Mittag auf meinem Schreibtisch. Das Opfer war ein Bekannter von mir.«

»Dringlichkeitsstufe eins. Verstanden, Sepp«, erwiderte Johannes Seidl, der Chef des weißgekleideten Trupps.

»Und jetzt?«, erkundigte sich Babs, die ebenfalls wieder ausgestiegen war.

»Jetzt packen wir deine Langlaufski ins Auto und gehen erst mal frühstücken. In die Windbeutelgräfin?« Sepp blickte sie fragend an.

»Das wäre zwar genial, aber die machen erst um zehn auf. Jetzt ist es halb zehn.«

»Kur Cafe 44?«

»Die machen um neun auf.«

»Na also, passt doch.«

»Das Café Chiemgau 45 hat aber auch schon auf. Da gibt es selbstgemachte Pralinen.«

»Pralinen zum Frühstück? Das ist ja pervers.«

»Auch nicht schlimmer als zehn Halbe und fünf Schnaps am Abend.« Babs erwiderte seinen angeekelten Blick mit einem gnädigen Augenaufschlag. »Außerdem musst du ja keine essen.«

»Na gut.«

Während sie losfuhren, brach die Sonne durch den Frühnebel und erhellte die glitzernde Schneelandschaft rund um sie herum. Die Äste der Bäume wurden vom frisch gefallenen Neuschnee nach unten gedrückt, die Wipfel hatten kleine weiße Mützen auf. Gleich südlich des Ortes leuchteten weiß die Flanken des Rauschberg-Massivs. Etwas weiter entfernt ließen sich Richtung Südosten das Sonntagshorn und Richtung Westen der Hochfelln 46 ausmachen. Ein traumhafter Tag in den Bergen. Kein guter Tag um zu sterben. Doch welcher Tag war schon ein guter Tag dafür.

Sepp bog in die Hauptrasse ein und parkte keine drei Minuten später vor dem Café Chiemgau.

Sie traten ein, setzten sich an einen Zweiertisch direkt beim Fenster und bestellten. Babs fünf Pralinen und Milchkaffee, Sepp eine Portion Kaffee, einen Orangensaft und ein großes Mineralwasser. Dazu drückte er ein Aspirin aus der Schachtel, die er gerade aus der Innentasche seines Anoraks gefummelt hatte, auf den Tisch. Wozu große Schmerzen erdulden, wenn es auch einfacher ging.

»Da scheint jemand aber einen Kater zu haben«, neckte ihn Babs.

»Ja mei, gestern waren eben alle da.« Sepp massierte mit beiden Zeigefingern seine pochenden Schläfen. »Günter, Herbert, Ludwig, Zwacki, Rolli und so weiter. Ich kann sie gar nicht alle aufzählen. Auf jeden Fall gab es jede Menge zu erzählen, und wer viel erzählt, bekommt Durst, weil ihm beim Reden der Mund trocken wird.«

»Selbstverständlich. Und weil der Durst so groß ist, bestellt man ein Bier nach dem anderen. Bis man einen Rausch hat.«

»Genau. Da kann man gar nichts dagegen tun. Woher weißt du das, Schwesterherz?« Er grinste mit schmerzverzerrtem Gesicht.

Der reine Galgenhumor, dachte sie. »So etwas weiß man als Frau in Bayern eben. Leider.« Sie lachte gutmütig. »Und unser Opfer Werner Bäcker und Bernd Graser waren also auch da. Wie hießen eigentlich die beiden anderen Krampusse?«

»Keine Ahnung. Das kriege ich aber ganz einfach raus, indem ich Ludwig anrufe. Der hat die ganze Truppe auf unsere Feier bestellt.« Er nahm sein Handy zur Hand. »Glaubst du, dass es einer von denen war?«

»Was meinst du?«

»Im Prinzip kann es jeder gewesen sein, der einen Grund und die Gelegenheit hatte.«

»Stimmt. Dieser Werner Bäcker und Bernd, waren die eigentlich eng befreundet?«

»Ich glaube schon. Magst du zu Bernd und zu den beiden anderen mitkommen? Bei meinen Kopfschmerzen heute könnte ich eine begabte Assistentin wie dich gebrauchen.«

»Gerne, alter Schmeichler.«

»Na, super. Gleich nach dem Frühstück geht's los.«

»Wie Sie meinen, Herr Hauptkommissar.« Sie lächelte ihn schwesterlich liebevoll an. »Sag mal. Es heißt doch immer, dass Mörder meistens aus dem nächsten Umfeld des Opfers kommen. Besonders bei Verbrechen aus Leidenschaft. Das hier könnte doch so etwas gewesen sein.«

»Theoretisch schon. Genauso gut könnte es aber auch ein Racheakt gewesen sein. Raubmord kommt wohl eher nicht in Frage, weil sein Geldbeutel noch da war.« Sepp warf sein Aspirin ein und spuckte sie gleich darauf wieder aus, weil sein Plan, sie mit Spucke herunterzuschlucken, nicht aufging. Er hatte keine Spucke, sein Mund war strohtrocken. Das musste er im Eifer des Gefechts ganz vergessen haben.

»Komisch, dass ich Werner Bäcker vorher noch nie gesehen habe.« Babs blickte nachdenklich zum Fenster heraus. Es wurde jetzt immer heller und freundlicher draußen.

»Man kann ja nicht jeden hier im Chiemgau persönlich kennen. Er lebte seit seiner Scheidung alleine in Traunstein. Schöne Wohnung. Ich war einmal mit Ludwig zum Schafkopfspielen dort. Es gab Bier und Obatztn.«

»Hat er nie eine Freundin gehabt?«

»Doch ab und zu schon. Aber nichts Festes.«

»Aha. Also, ich habe da neulich in der Sauna von Beate gehört, dass Bernds Frau Susanne neuerdings gerne mal fremdgeht«, raunte Babs ihm leise zu. »Angeblich kann er nicht mehr so gut wie früher.« Sie nahm dankbar lächelnd den Milchkaffee entgegen, den ihr die Kellnerin über den Tisch reichte.

»Wer tut das nicht?« Sepp trank erst einmal den Orangensaft in einem Zug leer. Dann warf er seine

Kopfschmerztablette ein und spülte sie mit viel Wasser hinunter.

»Nicht mehr so gut können?«

»Fremdgehen.«

»Jetzt hör aber auf«, protestierte sie. »So schlimm ist es nun auch wieder nicht um die Menschheit bestellt.«

»Hast du eine Ahnung!« Er leerte sein Wasserglas in einem Zug.

»Auf jeden Fall könnte doch Susanne theoretisch auch mit diesem Werner Bäcker fremdgegangen sein und Bernd hat ihn deswegen umgebracht. Aus Eifersucht.«

»Könnte natürlich sein. Aber ich habe gestern andererseits von Ludwig gehört, dass Werner im Sommer so gut wie pleite war. Doch seit ein paar Wochen warf er mit Geld nur so um sich. Neues Auto, neue Kleider, teuer Essen gehen und so weiter.«

»Vielleicht hatte er im Lotto gewonnen.«

»Oder jemand hatte ihm das Geld geliehen.«

»Und ihn umgebracht, weil er es nicht zurückzahlen konnte?« Babs zog fragend die Brauen hoch.

»Oder er war an etwas Illegalem beteiligt. Oder ein Kredit bei der Bank. Wie gesagt, möglich ist alles. Professionell ermitteln heißt, herausfinden, wie es wirklich war.« Sepp reckte oberlehrerhaft den Zeigefinger in die Luft.

»Ach nein, das ist ja eine ganz neue Erkenntnis.« Sie erhob sich, um auf die Toilette zu gehen. Höchste Zeit, frischen Lippenstift aufzutragen.

»Servus, Bernd.«

Sepp hatte Ludwig, der heute Morgen ebenfalls nicht der Fitteste war, telefonisch erreicht. Sein vollbärtiger Kollege bei der Kripo Traunstein hatte ihm aber trotzdem bereitwillig verraten, dass die Namen der beiden anderen Krampusse Jürgen Bergner und Herbert Zielstätter waren. Sepp würde sie später auf jeden Fall noch aufsuchen. Bergner wohnte auch hier in Ruhpolding, Zielstätter in Obing [47]. Doch zunächst hatte er mit Babs im Schlepptau bei Bernd Graser, dem Nikolaus des gestrigen Abends, geklingelt, der ganz in der Nähe des Café Chiemgau ein kleines Stadthaus bewohnte.

»Ja, der Sepp. Was willst du denn so früh am Samstag? Hast du etwa schon ausgeschlafen?« Bernd blickte seine Besucher erstaunt aus sehr kleinen, sehr verquollenen und sehr geröteten Augen an. Er trug einen weißen Frotteebademantel und an den Füßen graue Pantoffeln. Seine Haare standen in alle Richtungen vom Kopf weg. Bestimmt war er gerade erst aufgestanden.

»Ja mei, der frühe Vogel fängt den Wurm.« Sepp grinste humorlos. »Es hat einen Mord gegeben, Bernd«, fügte er erklärend hinzu. »Dürfen wir reinkommen?«

»Einen Mord? Ja … äh, logisch. Servus, Babs.« Bernd hielt ihnen die Tür auf.

»Übrigens, der Wagen in der Parkbucht vor dem Haus, ist das deiner?« Sepp zeigte fragend auf den roten Audi, der keine drei Meter von ihnen entfernt stand.

»Ja, warum.«

»Ich würde mal das Fahrerfenster schließen.« Das

geöffnete Seitenfenster war Sepp als Kriminalbeamtem natürlich sofort aufgefallen.

»Oh je, bei den Temperaturen. Ich hol schnell den Schlüssel. Geht schon mal geradeaus ins Wohnzimmer durch.«

Sepp drückte sich an ihm vorbei. Babs folgte ihm. Der Raum, in den sie kamen, war überraschend geräumig und mit viel Holz gemütlich rustikal im Stil einer Bauernstube eingerichtet. Sie setzten sich an den großen hellen Esstisch beim Fenster und warteten.

Schaut aus wie gebleichte Eiche, dachte Sepp. Nicht schlecht.

»Kann ich euch einen Kaffee anbieten?«, erkundigte sich Bernd, als er wenig später wieder bei ihnen war.

»Gerne«, erwiderte Sepp. »Ich kann heute gar nicht genug trinken.«

»Ging mir gestern Abend schon so. Du auch Babs?«

»Ich sage nicht nein. Gibt es Plätzchen dazu?«

»Lebkuchen hätte ich da.«

»Schoko?«

»Ja. Auch.«

»Perfekt.« Sie lächelte flüchtig. Ich traue dem Kerl irgendwie nicht, dachte sie. Er hat etwas Unberechenbares und Kaltes an sich. Das hat mir früher schon immer Angst gemacht.

»Bin gleich wieder da.« Bernd machte sich auf den Weg in die Küche.

Fünf Minuten später war er mit einem kleinen Holztablett zurück. Er stellte drei dampfende Haferl Kaffee, Zucker, Milch und ein Schälchen voller duftender Schokoladenlebkuchen auf den Tisch. »Die sind aus dem Klosterladen auf Frauenchiemsee. Hat die Susanne neulich besorgt. Etwas ganz Besonderes«, fügte er stolz hinzu. Dann setzte er sich zu ihnen.

»Wo warst du gestern Abend nach unserer Nikolausfeier, Bernd«, schoss Sepp ohne Umschweife seine erste Frage ab.

»Wieso? Bin ich wegen irgendwas verdächtig?« Bernd bekam einen roten Kopf. »Wer wurde denn überhaupt ermordet?«

»Reine Routine. Ich muss das jeden fragen, der gestern mit Werner Bäcker auf unserer Nikolausfeier gewesen ist.«

»Wieso mit dem Werner? Was hat er denn getan?«

»Er ist tot.«

»Was? Der Werner tot? Aber wie ...?« Bernd starrte die beiden geschockt an.

»Jemand hat ihm den Schädel eingeschlagen und ihn dann an der Seen-Loipe gegen einen Holzstoß gelehnt.« Sepp beobachtete aufmerksam jede Reaktion seines Gegenübers.

»Aber wer macht denn so was?« Bernd schüttelte offensichtlich erschüttert den Kopf.

»Das will ich eben herausfinden. Babs hilft mir dabei.« Entweder ist er ein perfekter Schauspieler oder er weiß wirklich von nichts, dachte Sepp.

»Die schöne Babs.« Der verkaterte Nikolaus lächelte ihr flüchtig ins Antlitz. Dann wurde seine Miene sofort wieder ernst. »Sie war ja schon immer unsere etwas schrullige Miss Marple.«

»Also, wo warst du nun gestern?« Babs ließ sich von dem zweifelhaften Kompliment nicht weiter beeindrucken. Sie war es längst gewohnt, dass sie im Freundes- und Bekanntenkreis wegen ihres schrägen Hobbys, bei dem Gewalt, Tote und Täter im Mittelpunkt standen, gehänselt wurde.

»Auf der Nikolausfeier der Kripo Traunstein in der alten Säge. Dann nirgends mehr. Ich bin direkt von dort aus zu Fuß hierher gegangen.«

»Aber du bist doch gestern mit deinem Auto dort angekommen«, wandte Sepp ein. »Ich habe dich gesehen, als ich mit Ludwig und Zwacki draußen stand, weil die eine rauchen wollten.«

»Stimmt. Aber ich habe es wegen dem vielen Bier dort stehen lassen und erst heute Morgen wieder abgeholt.«

»Im Bademantel?« Sepp hob erstaunt die Brauen.

»Natürlich nicht, Depp. Ich konnte um sieben nicht mehr schlafen, da bin ich aufgestanden, habe mich angezogen und habe das Auto geholt. Danach habe ich mich noch mal hingelegt.« Bernd klang ungehalten.

»*Depp* kannst du mich in der Freizeit nennen. Aber jetzt bin ich dienstlich da. Hamma uns?« Sepp hörte sich noch ein gutes Stück ungehaltener an als Bernd.

»Logisch. Sorry, war nicht so gemeint.«

»Und bist du noch mal eingeschlafen?«

»Ja. Bis ihr mich geweckt habt. Ihr könnt gerne die Susanne fragen, wenn ihr mir nicht glaubt.«

»Wann hast du die Feier verlassen?«

»Genau weiß ich es nicht mehr. So um eins vielleicht. Du warst auf jeden Fall noch da, als ich ging.«

»Und Werner?«

»Der war auch noch da. Am Tisch hinter dir. Er saß dort mit Jürgen Bergner und Herbert Zielstätter. Du müsstest sie eigentlich gesehen haben.«

»Nein, habe ich nicht. Aber das ist auch kein Wunder, wenn sie direkt hinter mir saßen.« Sepp räusperte sich. Gott sei Dank war ihm gerade diese Erklärung eingefallen. Dass er zu betrunken gewesen war, um sich überhaupt noch an irgendetwas nach 23 Uhr zu erinnern, konnte er ja schlecht zugeben.

»Stimmt«, gab ihm Bernd recht. »Der Herbert hat den Werner übrigens den ganzen Abend lang auf dem Kieker gehabt. Hat ihn andauernd verarscht. Es ging dabei wohl um eine Frau, die der Herbert dem Werner einmal ausgespannt hatte.«

»Aha. Aber da hätte doch eher der Werner den Herbert erschlagen müssen als umgekehrt.«

»Keine Ahnung, mag sein.« Bernd zuckte gleichmütig die Achseln. »Weiß man denn schon, warum der Werner umgebracht wurde?«

»Nein, nicht so genau. Ein Raubmord war's eher nicht.« Sepp beobachtete Bernds Mimik nach wie vor. Aber nichts darin ließ darauf schließen, dass er etwas mit der Sache zu tun haben könnte.

»Und wenn es um Geld ging?« Bernd schaute geheimnisvoll drein.

»Wie meinst du das?« Babs sah auf einmal hellwach aus, genau wie ihr Bruder.

»Also, es ist so. Jürgen Bergner hat kürzlich die Baufirma seines Vaters geerbt.«

»Ja und? Das ist nicht verboten, soweit ich weiß.« Sepp grinste spöttisch. »Bist du etwa neidisch?«

»Schmarrn. Uns geht es finanziell nicht schlecht, wie du sehen kannst.« Bernd zeigte auf das sicherlich nicht billige Mobiliar rund um sie herum.

»Stimmt.« Sepp nickte anerkennend.

»Kann man sagen.« Babs nickte ebenfalls.

»Neidisch bin ich jedenfalls nicht. Also, es war so. Werner hat das mit Jürgens Erbe im Sommer spitzgekriegt und ihn gefragt, ob er ihm Geld leiht.«

»Und? Hat er?« Sepp war mehr als gespannt, was gleich noch kommen würde.

»Ja.«

»Viel?«

»Eine ganze Menge. 200.000 Euro, hat Jürgen mir erzählt.«

»Das ist wirklich eine ganze Menge. Weißt du wofür?« Sepp schob verblüfft die Unterlippe nach vorne. Es waren schon Leute für weit weniger umgebracht worden.

»Keine Ahnung. Darüber hat mir Jürgen nichts erzählt. Auf jeden Fall hatten die beiden gestern andauernd einen Riesenstreit wegen irgendwelcher Zinsen.«

»Da schau her. Und wann warst du gestern Abend zuhause?«, erkundigte sich Sepp. Ein Streit wegen viel Geld, das klingt nach einem vielversprechenden Mordmotiv, dachte er.

»So um halb zwei.«

»Das kann uns Susanne sicher ebenfalls bestätigen.« Eine halbe Stunde von der alten Säge aus hierher, dachte Sepp. Das könnte hinkommen. Da hätte er keine Zeit gehabt, zur Loipe raus zu fahren und Werner dort abzuladen.

»Bestimmt. Weiß ich aber nicht genau. Ich habe da wohl einen kleinen Filmriss.« Bernd errötete erneut.

»Das muss dir nicht peinlich sein, Bernd«, beruhigte ihn Sepp. Da schau her, sagte er sich. Zu besoffen zum Morden war er obendrein. Klare Sache, der war es nicht. »Wir haben schließlich alle einen Schluck zu viel gehabt. Das war's auch schon. Bei Susanne melden wir uns noch.«

»Ihr wollt schon wieder gehen? Aber ich mache euch gerne noch einen Kaffee. Kein Problem.«

»Passt schon, Bernd. Wir müssen weiter.« Sepp erhob sich langsam, damit die Kopfschmerzen, die in den letzten Minuten nachgelassen hatten, auch weiterhin Ruhe gaben.

»Nimm wenigstens die restlichen Lebkuchen mit, Babs. Warte, ich hol dir schnell eine Tüte in der Küche.« Bernd sprang hastig auf.

»Mach dir keine Mühe. Ich habe fünf Stück gegessen. Bin pappsatt.«

»Nur einen Moment.« Er eilte davon.

»Fünf Lebkuchen und fünf Pralinen? Normalerweise müsstest du 200 Kilo wiegen und nicht 59.« Sepp grinste breit.

»Ja mei. Wer kann, der kann.«

Als sie wieder in Sepps Auto saßen, um als Nächstes die beiden anderen Krampusse aufzusuchen, fragte

Babs ihren Bruder, ob ihm die Kratzer an Bernds Hals und Händen ebenfalls aufgefallen waren.

»Logisch. Und?«

»Was, wenn sich Werner gewehrt hat und ihn dabei mit den Fingernägeln gekratzt hat?«

»Du siehst schon wieder Gespenster, Miss Marple. Und das, obwohl du so feine Lebkuchen bekommen hast.« Sepp zeigte auf die Plastiktüte auf ihrem Schoß.

»Kann sein, muss aber nicht.«

»Außerdem ist gar nicht erwiesen, dass seine Frau wirklich fremdgegangen ist. Auf Hörensagen darf man als Kriminaler nichts geben. Da müssten wir erst mal genau wissen, wer Beate Susannes angebliche Seitensprünge gesteckt hat.«

»Frag sie doch einfach. Ich würde auf jeden Fall Werners Fingernägel nach Hautresten untersuchen lassen. Wie du vorhin selbst gesehen hast, hatte er keine Handschuhe an.«

»Das machen wir sowieso routinemäßig. Und wenn wir welche finden, besorgen wir uns umgehend eine Speichelprobe von Bernd und den anderen Tatverdächtigen für einen DNA-Abgleich. Versprochen.«

»Du bist der Hauptkommissar.« Sie blickte leicht verschnupft durch die Frontscheibe hindurch auf die im Sonnenlicht gleißende Straße. Wieso wollte er ihr nicht glauben? Sie wusste genau, dass sie recht hatte. Obwohl sie kein Profi war. »Und ich sage es dir, der Kerl lügt wie gedruckt. Lebkuchen hin, Lebkuchen her.« Sie schnallte sich an.

»Ja, ja, Babs. Eins nach dem anderen.«

»Auch Profis können sich irren.«

»Selten. Jetzt will ich erst mal wissen, was es mit dieser Geldgeschichte auf sich hat. Das ist nämlich ein echtes Motiv. Jürgen Bergner wohnt gleich vorne in Bibelöd.«

Sepp folgte der Hauptstraße bis zur Westerbergstraße, bog rechts in sie ein und parkte wenig später vor Jürgen Bergners imposanter Villa.

Während sie durch den riesigen verschneiten Vorgarten stapften, kam Babs der Ausdruck *Wintermärchen* in den Sinn. Das passt hier wie die Faust aufs Auge, dachte sie.

Der mittelgroße blonde Herr des Hauses öffnete ihnen persönlich. Auch ihm war der ausufernde Vorabend deutlich anzusehen. »Servus, Sepp.«

»Grüß Gott, Herr Bergner. Ich hätte ein paar Fragen an Sie. Wegen Werner Bäcker.«

»So förmlich? Gestern waren wir soviel ich weiß noch beim Du. Aber kommt doch rein, bevor ihr erfriert.« Er trat beiseite, ließ sie herein und zeigte auf die verglaste Tür am Ende des hellbeleuchteten Ganges. »Da hinten geht es in die gute Stube.«

»Kaffee?« Jürgen blickte sie fragend von der Tür aus an, während sie sich in die zwei großen schwarzen Ledersessel vor dem gläsernen Couchtisch setzten, die er ihnen zugewiesen hatte.

»Ich nicht. Danke.« Sepp hob abwehrend die Hände.

»Ich hatte auch schon genug«, schloss sich Babs an. Besonders nervös oder alarmiert darüber, das die Polizei im Haus ist, scheint er nicht zu sein, sagte sie sich.

»Na gut. Um was geht es?«

Typisch Geschäftsmann, dachte sie weiter. Kommt gleich zur Sache.

»Werner Bäcker ist tot.«

»Der Werner tot?« Jürgen riss erschrocken die Augen auf. Er trat zu ihnen und setzte sich ebenfalls. »Aber wir hatten doch gestern noch soviel Spaß miteinander.« Er starrte eine Weile lang kopfschüttelnd auf den Boden. Dann hob er seinen Blick.

»Wann sind Sie gestern von der Nikolausfeier nach Hause gegangen?« Babs schaute ihm neugierig in die Augen.

»Wir sind gleichzeitig mit dem Sepp zusammen aufgebrochen.« Jürgen zeigte auf ihren Bruder. »Du hast doch sogar noch einen Witz über meine Wampe gemacht, Sepp. Weißt du das nicht mehr?«

»Doch natürlich«, erwiderte Sepp schnell, der sich natürlich an nichts mehr erinnerte. »Aber bist du auch wirklich nach Hause gegangen? Das wollte meine Schwester wohl wissen.« Er bedachte Babs mit einem kurzen prüfenden Seitenblick. Hatte sie gemerkt, dass er gerade gelogen hatte. Es sah nicht so aus.

»Logisch. Immer geradeaus, bis zum Bibelöder Steg. Dann links und schwups war ich hier.«

»Kann das jemand bezeugen?«

»Nein. Meine Frau und meine Töchter sind übers Wochenende weggefahren.«

»Hat Werner dir 200.000 Euro geschuldet?« Sepp blickte eine Spur ernsthafter als zuvor drein.

»Wer sagt das?«

»Darf ich nicht sagen.«

»Ja. Warum?«

»Und wofür?«

»Er hatte ein vielversprechendes Geschäft vor. Wollte eine Immobilie in der Nähe von Rosenheim kaufen.«

»Eine Immobilie?«

»Ja, eine kleine Kneipe.«

»Hat er das Geld zurückbezahlt?«

»Ja. Er hat von seiner Tante ein Hotel und eine halbe Million in Garmisch geerbt. Nur die Zinsen, die wir ausgemacht hatten, wollte er auf einmal nicht bezahlen.«

»Gab es deswegen Streit?«

»Ja, schon. Sogar gestern noch. Aber er hat mir versprochen, dass er bald bezahlt.«

»Eine halbe Million geerbt!« Sepp pfiff anerkennend durch die Zähne. »Um wie viel Zinsen ging es eigentlich?«

»Zehn Prozent.«

»Also 20.000?«

»Genau. Der Saukerl wollte einfach nicht zahlen. Stell dir so was mal vor.«

»Herr Bergner, ich fürchte, wir müssen Sie mitnehmen.«

»Aber wieso denn?« Jürgen blickte erschrocken auf.

»Werner Bäcker wurde heute Nacht ermordet, und Sie stehen unter dringendem Tatverdacht. Und Alibi haben Sie auch keins.«

»Aber ich habe nichts getan. Was hätte ich denn davon, wenn er tot ist? Dann könnte er mir mein Geld doch erst recht nicht zurückgeben. Das ist doch total unlogisch.«

»Nicht alles was wir tun, erscheint logisch, Herr Bergner. Aber wenn man es dann anders betrachtet, doch wieder. Bitte holen Sie sich ein paar Sachen. Wir warten solange hier unten.« Sepps Blick ließ keinen weiteren Widerspruch zu.

»Ich habe gerade mit Beate telefoniert. Sie sagt, dass ihr Susanne selbst von ihren Seitensprüngen erzählt hat. Und dass Susanne außerdem den Verdacht habe, dass Bernd dahinter gekommen ist.« Babs blickte ihren Bruder eindringlich über den Esstisch hinweg an.

Nachdem Sepp und sie Jürgen Bergner auf dem Revier abgeliefert hatten, waren sie zu Herbert Zielstätter, dem dritten im Bunde der Krampusse, nach Obing gefahren. Ludwig wollte derweil Bergners weitere Befragung übernehmen. Herbert hatte ausgesagt, dass er die Nikolausfeier bereits vor Mitternacht verlassen und sich von seiner Frau hätte abholen lassen. Die war an die Tür gekommen und hatte das gleich an Ort und Stelle bestätigt.

Nun saßen Babs und Sepp gemeinsam mit ihren Eltern beim Mittagessen. Es gab Rinderroulade, Blaukraut und als Krönung selbstgemachte Kartoffelknödel. Kein Sternekoch machte die so gut wie ihre Mutter.

»Das sagt alles gar nichts«, erwiderte Sepp. »Wenn ich einen Verdacht habe, habe ich deswegen noch lange keinen Beweis. Doch ein Streit um viel Geld, das ist zumindest ein überzeugendes Motiv.«

»Aber alles spricht für Bernd als Täter.« Babs bekam einen roten Kopf vor Ärger. Sie wusste, dass ihr Bruder von klein auf ein Sturkopf war. Aber dass es inzwischen so schlimm um ihn stand, war ihr neu. »Die Sache mit dem Auto, merkwürdig. Andauernd wollte er den Verdacht auf die anderen beiden lenken, merkwürdig. Die Kratzer in seinem Gesicht und an seinen Händen, merkwürdig. Dass er andauernd rot geworden ist, merkwürdig. Was hat er wohl gemacht, nachdem er euch verlassen hat? Ich sage es dir. Er hat draußen auf Werner gewartet, ihn abgepasst und umgebracht.«

»Hast du auch nur einen einzigen Beweis für deine wilde Theorie, Miss Marple?« Sepp lud unbeeindruckt ein großes Stück Knödel mit Kraut auf seine Gabel. »Oder wenigstens ein deutliches Indiz.«

»Wenn man es genau nimmt, sogar jede Menge. Erstens musst du dringend Werners Fingernägel auf Bernds Hautpartikel untersuchen lassen, also eine Speichelprobe von ihm nehmen. Zweitens musst du Bernds Auto auf Blutspuren von Werner untersuchen lassen. Und zwar schnell, bevor er es reinigen lässt. Drittens musst du dich bei Susanne Graser versichern, dass sie ein Verhältnis mit Werner hatte und dass sie Bernd gestern wirklich nicht heimkommen hörte. Sobald du das alles getan hast, wirst du wissen, dass ich recht habe.« Völlig außer Atem machte sich Babs daran, ein Stück Roulade auf ihre Gabel zu spießen.

Sepps Handy klingelte.

»Was habt ihr? Hautpartikel? Unter seinen Fingernägeln? Alles klar, Ludwig. Würdest du bitte ein paar

Leute zu Bernd Graser schicken? Speichelprobe. Und nehmt seinen Wagen zur genauen Untersuchung mit, ein roter Audi. Und ihn selbst am besten auch gleich. Ich komme in einer Stunde ins Büro. Bis dann.« Er legte wieder auf.

»Und nun?« Babs blickte ihren Bruder herausfordernd an.

»Ich hoffe nur, dass du recht hast, Schwesterherz. Blamieren täte ich mich nur ungern.«

Gegen Abend rief Sepps Sekretärin seine Schwester Babs vom Büro aus an. Sie solle vom Herrn Hauptkommissar ausrichten, dass man den Bauunternehmer Bergner wieder auf freien Fuß gesetzt habe. Die Spurensicherung habe Blutspuren des Mordopfers Werner Bäcker aus Inzell am Lenkrad, an den Türgriffen der Fahrertür und vor allem im Kofferraum von Bernd Grasers Audi gefunden. Ebenso habe man Bernd Grasers Haut unter Werner Bäckers Fingernägeln gefunden. Bernd Grasers Frau Susanne habe bestätigt, dass sie ein Verhältnis mit dem Ermordeten gehabt hatte, da ihr Mann nicht mehr zur körperlichen Liebe imstande wäre. Sie habe außerdem den Verdacht geäußert, ihr Mann könne dahinter gekommen sein. Wann genau er in der Tatnacht nach Hause gekommen sei, könne sie nicht sagen, da sie tief und fest geschlafen habe. Herr Graser sei halt schon ein ziemlich perfekter Lügner, hätte der Herr Hauptkommissar zu der ganzen Sache bemerkt.

Im Werkzeugschuppen der Grasers hätten die durchsuchenden Beamten einen Hammer gefunden, auf dem man oberflächlich Blutspuren beseitigt hatte. Aber anhand einer genauen Untersuchung wäre auch hier Werner Bäckers Blut nachgewiesen worden. Zudem habe sich ein Zeuge gemeldet, der Bernd Grasers Auto am fraglichen Abend in der Nähe des Tatortes gesehen hatte. Bernd Graser sei auf der Stelle dem Haftrichter vorgeführt worden. Er habe keinerlei Reue gezeigt, habe sich ganz im Gegenteil sogar auch noch im Recht gefühlt und stolz herumposaunt, dass Werner Bäcker alles, was ihm zugestoßen wäre, ausnahmslos verdient gehabt hätte. Jedem anderen, der mit Susanne herumgemacht hätte, wäre es ganz genauso ergangen. Anderen die Frauen abspenstig machen, das wäre ja wohl noch schöner, habe er abschließend gemeint. Wir wären hier in Bayern schließlich nicht bei den Hottentotten.

FREIZEITTIPPS:

40 Tipp 138: Seen-Loipe bei Ruhpolding. Landschaftlich sehr reizvoll und schneesicher.

41 Krampus = der ostbayrische Knecht Rupprecht.

42 Tipp 139-141: Inzell. Hier gibt es den Badepark Inzell mit Naturbadesee und Hallenbad, das ganze Jahr über geöffnet, den Bergwald Erlebnispfad und die Max Aicher Arena, in der zahlreiche Eisschnelllauf-Weltmeisterschaften und –Europameisterschaften stattgefunden haben und stattfinden. Auch täglich geöffnet für Publikumsverkehr.

43 Tipp 142: Gasthof zur alten Säge in Ruhpolding. Gehobene regionale Küche, ausgesuchte Weine und gepflegte Biere. Ein Besuch lohnt sich.

44 Tipp 143: Kur Cafe. Beliebtes Café und Konditorei in Ruhpolding. Direkt an der Ortsausfahrt nach Reit im Winkel gelegen. Spezialität: Torten.

45 Tipp 144: Café Chiemgau. Ein weiteres sehr beliebtes Café in der Hauptstraße in Ruhpolding. Hier macht man neben Kuchen und Torten auch besonders feine Pralinen.

46 Tipp 145-146: Hochfelln bei Ruhpolding. Der Berg mit dem höchstgelegenen Gasthaus des Chiemgaus,

dem Hochfellnhaus. Man kann hier entweder mit der Seilbahn hochfahren oder von Ruhpolding aus hinaufgehen. An klaren Tagen sind vom Gipfel aus Blicke bis in den Bayrischen Wald und zum Arber möglich. Keine Übernachtungsmöglichkeiten.

47 Tipp 147-149: Obing. Kleiner charmanter Ort, wo Ruhe und Gemütlichkeit mit der Moderne Hand in Hand gehen, etwa 10 Kilometer nördlich des Chiemsees. Besonders erwähnenswert sind die Pfarrkirche St. Laurentius, der Golfclub am Obinger See und die Kleinkunstbühne zur Post.

DER FREMDE

»Ja, und stell dir nur mal vor, Babs. Da kommt dieser total gutaussehende Typ im *Shocking Blue* auf mich zu und sagt ›Na, schöne Frau, wie wäre es denn mit einem Gläschen Champagner an der Bar?‹ Verstehst du, Babs? Schöne Frau! Champagner an der Bar! Ich hab echt geglaubt, ich fasse es nicht.«

Sandys Stimme überschlug sich fast vor Aufregung und Begeisterung. So sehr aus dem Häuschen hatte Babs ihre alte Schulfreundin schon lange nicht mehr erlebt. Wenn sie genau überlegte, eigentlich noch nie. Nur damals, als die blonde Sandy ihren schwarzhaarigen Sebastian aus Bad Endorf [48] kennengelernt hatte, war sie ähnlich aufgedreht gewesen. Jeden Tag hatte sie nur begeistert von ihm erzählt. Sebastian habe sich eine Modelleisenbahn gekauft, Sebastian habe gestern fünf Bier getrunken und wäre kein bisschen blau gewesen, ob Babs schon gewusst hätte, dass Sebastian mit Bodybuilding angefangen habe. So war es den ganzen Tag gegangen. Natürlich immer am Handy. Wie im Moment auch. Denn am liebsten telefonierten Babs und Sandy miteinander. Gut, man traf sich auch mal zum Kaffee oder auf einen Drink oder bei einer Party. Aber am Handy war es einfach am schönsten. Da waren sie völlig ungestört und konnten sich alles erzählen. Und das Beste war, man musste nicht mal aufpassen, wie man guckte oder konnte währenddessen auch noch andere Sachen machen.

»Beruhige dich wieder, Sandy. So toll kann der gar nicht gewesen sein. Im *Shocking Blue* laufen doch nur ausgeflippte Möchtegerns rum. Die Bar ist im ganzen Chiemgau bekannt dafür. Außerdem hast du deinen Sebastian.«

Während draußen ein eiskalter Nordwind ums Haus pfiff, hatte es sich Babs im großen Bad im Erdgeschoss ihres Elternhauses gemütlich gemacht, in der neuen riesigen Wanne mit den Massagedüsen. Sie hatte eine Kerze angezündet und ihren geliebten Badezusatz aus Eisenkraut und Arganöl ins Wasser gegeben. Schließlich kam sie langsam in das Alter, in dem man etwas gegen den schleichenden Verfall tun musste. Gott sei Dank gab es da so einige hilfreiche Mittelchen, wie beispielsweise Eisenkraut und Arganöl. Draußen hatte die Dämmerung eingesetzt, die Berge waren durch das große Badezimmerfenster nur noch schemenhaft zu erkennen.

Einerseits war sie natürlich sehr neugierig, was ihre Freundin gestern Abend schon wieder alles erlebt hatte, andererseits sorgte sie sich aber auch immer um das Wohl und Wehe all ihrer Freunde. Deshalb würde sie es zum Beispiel niemals hören wollen, dass Sandy ihrem Sebastian untreu gewesen wäre.

»Ach Gott, hör mir bloß mit dem Sebastian auf. Jetzt hat er auch noch zu trinken angefangen. Jeden Abend ein bis zwei Bier. Er bekommt sogar schon einen Bauch.« Sandys Stimme klang verächtlich. Ganz so, als legte sie keinen besonders großen Wert mehr auf einen derart undisziplinierten Trunkenbold.

War da etwa irgendwas im Busch? Wollte sie sich von ihm trennen? Aber das war doch völlig unmöglich. Die beiden liebten sich wie kein anderes Paar in ihrem Bekanntenkreis. Sie waren geradezu das Sinnbild einer rundum perfekten Ehe. Außerdem war Sebastian sehr reich. Du lieber Gott, Sandy jammerte schon auf sehr hohem Niveau.

»Ach, Sandy. Ein bis zwei Bier! Das ist doch wirklich nicht so wild.« Babs schüttelte spöttisch grinsend den Kopf. »Also, ich sage dir nur eins: Solange es nicht so abläuft wie bei den Kaltenbrinks, ist das alles total okay.« Da muss man gleich mal gründlich einschreiten, dachte sie. Bevor die dumme Nuss noch eine riesengroße Dummheit macht.

»Wieso? Was war denn bei den Kaltenbrinks?«

»Da hat er doch jahrelang gehurt und gesoffen, bis es der Jutta, also Frau Kaltenbrink, schließlich zu dumm geworden ist, und sie die Scheidung eingereicht hat. Und nicht mal davon hat sie etwas gehabt! Sie musste ihm auch noch jahrelang Unterhalt zahlen. Bis er schließlich irgendwann spätabends stockbetrunken vor einen Lastwagen gelaufen ist. Gott sei seiner Seele gnädig.« Babs bekreuzigte sich mit nassen Fingern.

»Aha. Na gut. Lassen wir das«, erwiderte Sandy. »Also, auf jeden Fall führt mich dieser irrsinnig gutaussehende, schlanke Typ im *Shocking Blue* an die Bar, bestellt eine sündteure Flasche vom besten Jahrgangsschampus und fängt an, mir Komplimente zu machen. Von wegen, wie wunderschön und charmant ich wäre, wie herrlich meine Haare glänzen würden, und was für eine zarte, jugendliche Haut ich hätte.«

»Ist nicht wahr!«

»Wenn ich es dir doch sage, Babs. So etwas Tolles habe ich schon lange nicht mehr gehört. Wir sprachen eine Weile lang über dies und das. Weltpolitik, Wirtschaft, Literatur. Er kannte sich überall sehr gut aus. Dann fing er an, von sich zu erzählen. Zum Beispiel, dass er ursprünglich aus England käme und ein echter Lord wäre. Ein echter Lord! Bobby würde er heißen.«

Es war so weit. Sandy würde von nun an ohne Unterlass weiterreden, ohne sich unterbrechen zu lassen. Babs erspürte diesen Moment jedes Mal punktgenau, und sie wusste, dass es vollkommen sinnlos war, dagegen anzukämpfen. Sie ließ also noch etwas heißes Wasser einlaufen, lehnte sich entspannt zurück und schloss die Augen, um ihrer Freundin zuzuhören.

»Er erzählte von seinem Anwesen nordöstlich von London, und meinte, wir zwei, also ich und er, könnten jederzeit gerne mit seinem Privatjet mal einen kleinen Ausflug dorthin machen. Eine so atemberaubend schöne und intelligente Frau wie ich würde ganz wunderbar dort hinpassen. Ich bräuchte ihm bloß zu sagen, wann ich einmal Zeit hätte, und auf der Stelle würde er seine Maschine klar machen lassen.«

Was die gute Sandy sich wieder alles ausdenkt, dachte Babs kopfschüttelnd.

»Sein Vater würde dort oben seit seiner Scheidung von Bobbys Mutter leben, fuhr er fort. Seine Mutter stamme übrigens aus Phoenix in Arizona, wo sie jetzt auch wieder hingegangen wäre. Ihr Vater, also sein Großvater, habe dort eine riesige Ranch mit Rindern und sei da drüben so etwas wie ein Viehbaron. Wenn ich Lust hätte, könnten wir gerne auch einmal dorthin fliegen. Seine Mutter würde sich bestimmt riesig darüber freuen, mich kennenzulernen. Irre, was?«

Wirklich unglaublich, dachte Babs grinsend. Wer ist denn so blöd und glaubt so einen Schmarrn? Ich jedenfalls nicht.

»Natürlich war ich einerseits geschmeichelt, aber andererseits ging mir das alles auch ein bisschen zu schnell. Vorsicht Sandy, da will dich einer nur ins Bett kriegen, dachte ich.«

Aha, komplett naiv hat sie sich also doch nicht angestellt. Babs schaltete die Massagedüsen an.

»Dabei fiel mir an seinem Blick auf einmal auch so etwas merkwürdig Unruhiges auf, das vorher noch nicht da gewesen war. So als hätte er gleich noch einen wichtigen Termin. Oder als wäre er geistig gerade ganz weit weg. Aber ich vergaß das gleich wieder, als er mit seiner einschmeichelnden Stimme weiter sprach. Er würde sich sehr freuen, mir bei der Gelegenheit auch gleich noch seine Villa in Malibu zeigen zu dürfen, meinte er. Es wären nicht nur Stars und Produzenten aus dem Filmbusiness, die er dort kenne, auch so einige Politiker würden täglich bei ihm ein- und ausgehen. Ach, du lieber Gott, dachte ich, wenn es doch nur wahr wäre.«

Babs ließ erneut etwas heißes Wasser nachlaufen. Hoffentlich kommt sie bald zum Punkt, dachte sie. Ich weiche langsam schon auf.

»Und dann wurde es noch abenteuerlicher«, fuhr Sandy aufgeregt schnatternd fort. »Er berichtete mir von der kleinen privaten Insel im Pazifik, die er gekauft habe. An der schönsten Stelle des Strandes auf einer schattigen Anhöhe habe er sich ein Haus hinbauen lassen.«

Das war doch bloß ein Riesenangeber, sagte sich Babs. Sie hätte dem Kerl an dieser Stelle längst einen kräftigen Tritt in den Hintern verpasst.

»Also, was soll ich dir sagen«, fuhr Sandy fort. »Langsam kam mir die ganze Sache doch schon reichlich spanisch vor. Was sollte denn einen solchen superreichen Mann von Welt wie diesen Lord Bobby dazu bewegen, ausgerechnet mich überall hin mitnehmen zu wollen. Der erzählt dir doch jede Menge Kohl, dachte ich.«

»Na, Gott sei Dank. Das hätte ich dir auch gleich sagen können«, murmelte Babs in sich hinein.

»Aber dann dachte ich wieder, was soll's. Er sah wirklich wahnsinnig gut aus und er war intelligent und auf eine ganz gewisse Art total unwiderstehlich. Er hat gleich noch mal eine Flasche von dem Jahrgangsschampus bestellt. Für die schönsten Damen nur die erlesensten Trauben, hat er dabei gesagt. Irre, oder?«

Babs versuchte gar nicht erst zu antworten. Sie wusste, dass Sandy ihre völlig unglaubliche Geschichte ohne Atempause weiter erzählen würde.

»Dann hat er sich das Mikro gepackt und auf der Karaoke-Bühne gesungen. ›You Were Always On My Mind‹. Wahnsinn, hatte dieser Bobby eine Stimme. Ich habe geglaubt, Elvis persönlich steht vor mir. Und er hat während des ganzen Songs nur mich angeschaut. Was für ein Blick, bis in die tiefsten Tiefen meiner Seele hinein. Glaub mir, Babs, ich hatte butterweiche Knie.«

Babs schwieg aus den ihr bekannten Gründen und drehte lieber noch einmal kurz das heiße Wasser auf. Dann trank sie, ohne den Hörer aus der Hand zu legen, einen köstlichen kalten Schluck Champagner aus dem Glas, das sie sich vorhin auf den Wannenrand gestellt hatte.

»Aber jetzt kommt's noch dicker«, fuhr Sandy fort. »Stell dir vor, im selben Moment als Bobby wieder neben mir an der Bar stand, stürmte auf einmal eine Gruppe bis an die Zähne bewaffneter, vermummter Gestalten in den Raum. Erst dachte ich voller Panik, die Terroristen kommen, es ist alles aus, ade, du schöne Welt. Aber beim zweiten Hinsehen, bemerkte ich, dass es die Polizei war. Ein Sondereinsatzkommando nennt man so etwas, glaube ich.«

»SEK! Spezialeinsatzkommando.«

»Mag sein. Wie auch immer. Auf jeden Fall warfen sie Bobby und mich zu Boden und plärrten laut herum, dass wir uns nicht bewegen sollten. Einer von denen hielt mir dabei sogar den Lauf seiner Maschinenpistole an den Kopf. Stell dir das mal vor. Wie im Krieg. Ich habe mir vor Angst fast in die Hosen gemacht. Die anderen Gäste schrieen laut auf und rannten davon. Ich fragte die Männer, was sie von uns wollten, daraufhin hat mir der Kerl über mir mit dem Lauf auf den Kopf gehauen und gebrüllt, wenn ich nicht sofort mein Maul hielte, würde ich schon sehen, was ich davon hätte. Manche von diesen Polizisten sind wirklich reichlich ordinär, muss ich dir sagen. Findest du nicht? Was sagt Sepp dazu?«

Babs schwieg.

»Dann wollten sie Bobby Handschellen verpassen. Aber der hat sich gewehrt, nahm dem Polizisten neben sich blitzschnell die Waffe aus der Hand, hielt ihm den Lauf an den Kopf und befahl den anderen abzuhauen, sonst würde es ihrem Freund schlecht gehen. Sie gehorchten ihm ohne Widerspruch. Unter uns, er hatte aber auch so einen ganz gewissen Befehlston, dem man einfach nicht widerstehen konnte. Ich hätte ihm, glaube ich, auch sofort gehorcht, wenn er mir etwas angeschafft hätte. Na ja. Jedenfalls, als die anderen draußen vor der Tür waren, kettete er seine Geißel mit ihren eigenen Handschellen an die Bar und verschwand in der Küche.

Er wäre leider durch den Keller entkommen, meinte der Einsatzleiter später, nachdem er sich vielmals bei mir entschuldigt hatte. Sie hatten mich natürlich sofort wieder aufstehen lassen, als der Barkeeper ihnen erzählt hatte, wer ich eigentlich bin. Dass mein Sebastian hier in der Region einen sehr guten Ruf hat, muss ich dir ja nicht sagen. Ein ganz raffinierter Bursche, der mit allen Wassern gewaschen sei, wäre dieser Bobby, meinte der Einsatzleiter zum Schluss noch. Wahrscheinlich würde er unter anderem Namen untertauchen, wie schon so oft. Was sagst du jetzt?«

Sandy schwieg.

Da schau her, auf einmal ist der wilde Trinker von vorhin wieder *dein Sebastian,* dachte Babs. »Das ist doch alles nicht wahr«, fuhr sie laut fort. »Du erzählst doch nur Geschichten. Sandy, die Märchenfee. Was haben sie dir denn in deine Drinks getan im *Shocking Blue?*« Sie hatte sich halb in der Wanne aufgerichtet und blickte kopfschüttelnd auf die edlen weißen Fliesen an der gegenüberliegenden Wand.

»Doch, es stimmt. Wenn ich es dir sage, Babs. Ich schwöre es bei der Beule an meinem Kopf, die mir dieser barsche Bursche mit seinem Gewehrlauf verpasst hat.«

»Und dann?«

»Dann waren sie auch schon wieder weg. Wollten weiter nach Bobby suchen. Vorher meinten sie noch, dass er ein entlaufener Frauenmörder oder so etwas sei. Er wäre aus der Psychiatrie entkommen und hätte schon etliche Frauen in Österreich und in Bayern umgebracht. Mein Gott. Das kann man sich gar nicht vorstellen, so gebildet und kultiviert wie er war.«

»Nicht zu fassen!« Babs blieb die Luft weg.

»Aber echt. Gott sei Dank ging der Champagner aufs Haus. Wegen dem Schock, hat der Barkeeper gemeint. Natürlich kennt er Sebastian auch. Aber stell dir vor, ich hätte den Schampus auch noch selbst bezahlen dürfen. Dann wäre ich aber richtig sauer geworden.«

»Sei doch froh, dass du überlebt hast.« Babs konnte nicht fassen, in welch lockerem Plauderton Sandy ihr von den Geschehnissen erzählt hatte. So als wäre das Ganze nur ein Mordsspaß gewesen. Immerhin hätte sie dabei sterben können. War ihr das nicht bewusst? Möglich, dass sie die Gefahr verdrängt hatte. So etwas gab es ja oft bei traumatisierten Opfern.

»Bin ich auch, Babs-Schatz. Mein Gott, da draußen laufen so viele Spinner herum, das ist doch nicht mehr zu glauben. Sogar bei uns im Chiemgau. Der totale Wahnsinn, oder? Aber schön wäre es schon mal in so einem Privatjet. Oder auf so einer eigenen einsamen Insel. Stimmt doch, oder?«

»Stimmt, Sandy. Hammergeschichte. Unfassbar.« Babs wusste immer noch nicht genau, ob sie ihrer Freundin die Räuberpistole, die die gerade erzählt hatte, in allen Einzelheiten abnehmen sollte. Bestimmt hatte Sandy teilweise geschwindelt und übertrieben, um alles noch eine Spur spektakulärer erscheinen zu lassen. Oder nicht? »Lass uns bei Gelegenheit mal zusammen ins *Shocking Blue* hingehen. Du, ich muss leider Schluss machen. Mein Badewasser ist kalt.«

»Alles klar. Bussi.«

»Servus, bis bald.« Babs legte auf und stieg aus der Badewanne.

Im selben Moment meinte sie einen Schatten vor dem Fenster zu sehen. Doch als sie ein zweites Mal etwas genauer hinsah, war er wieder fort. Hatte sie sich getäuscht? Aber wenn nicht, wer mochte das gewesen sein? Ihre Eltern waren nach Reit im Winkel gefahren, Tante Marlies besuchen. Sepp war garantiert in Traunstein. Er hatte heute seinen wöchentlichen Stammtisch im Wochinger Brauhaus 49. Ein Einbrecher? Oder ein Spanner?

Blitzschnell schloss sie die Vorhänge. Dann trocknete sie sich ab und stieg mit nassen Haaren in ihre Kleider. Jeans, Unterhemd, Sweatshirt, Hausschuhe. Anschließend bewaffnete sie sich im Wohnzimmer mit dem Schürhaken und ging die Fenster aller Zimmer ab. Das Licht ließ sie aus, um besser nach draußen sehen zu können, selbst aber möglichst nicht gesehen zu werden.

Nachdem sie das Haus einmal von innen umrundet und dabei niemanden entdeckt hatte, schaltete sie überall das Licht an. Dann kehrte sie erleichtert ins Badezimmer zurück, um sich die Haare zu föhnen. Das Leben war wirklich unberechenbar. Nie konnte man wissen, was als Nächstes kam. Gruselig.

Es dauerte nicht lange, bis ihre Haare trocken waren. Sie legte sorgfältig ihren Lieblingslippenstift auf und betonte ihre Augenbrauen. Ihr Magen meldete sich. Sie machte sich in der Küche ein Käsebrot. Im selben Moment, als sie in Gedanken versunken die Butter in den Kühlschrank zurückstellen wollte, vernahm sie ein leises Kratzen oder Tapsen am Küchenfenster. Zu Tode erschrocken fuhr sie zusammen und blickte ängstlich hinüber.

Unglaublich, da war er doch wieder, dieser unheimliche Schatten vom Badezimmerfenster. Oder? Als sie mit dem Brotmesser in der Hand hineilte, um genauer nachzusehen, war er jedoch abermals verschwunden. Merkwürdig. Machte sich jemand einen üblen Scherz mit ihr? Sie sperrte die Haustür doppelt ab, kontrollierte sämtliche Fensterverschlüsse, ließ überall die

Rollos herunter und ließ sich mit einem Glas Weißwein und ihrem Käsebrot im Wohnzimmer nieder.

Im Fernsehen würden sie heute einen spannenden Krimi bringen. Ein grausamer Killer machte mit seiner Machete Los Angeles unsicher. Doch vorher kamen noch die Nachrichten. »Im Chiemgau wird die Bevölkerung um Vorsicht gebeten«, verkündete der Sprecher. »Aller Wahrscheinlichkeit nach treibt sich dort ein lebensgefährlicher Serienmörder herum. Besonders Frauen sollten auf keinen Fall ohne Begleitung aus dem Haus gehen, bis die Polizei den Täter geschnappt hat.«

Babs drückte sich ein Stück tiefer in die Polster der dunkelbraunen Ledercouch.

FREIZEITTIPPS:

48 Tipp 150-155: Bad Endorf. Das Tor zum Chiemgau hat einiges zu bieten. Zum Beispiel Wellness und Erholung in der Rupertus Therme, einer der stärksten Jod-Thermalsole-Quellen Europas. Oder ein romantischer Opernabend auf Gut Immling. Gut essen kann man hier ebenfalls, zum Beispiel in den Simsee Stuben direkt am See. Oder abends im Weißbräu. Ein Bauernmarkt mit regionalen Produkten findet hier jeden Freitag von 11 Uhr bis 16 Uhr statt.

49 Tipp 156: Wochinger Brauhaus in Traunstein. Schönes Gasthaus mit Biergarten. Hier lassen sich gepflegte Biere aus Traunsteins kleinster Brauerei genießen.

EISKALT

Es war verdammt kalt an diesem Samstagabend Anfang Februar. Rudi trank einen Schluck Lambrusco und rutschte ein Stück tiefer in seinen Schlafsack hinein. Dann holte er die Dose Ölsardinen aus der Tasche, die ihm ein altes Mütterlein heute Mittag in die Hand gedrückt hatte, zog mit steifgefrorenen Fingern den Deckel ab und begann gierig zu essen. Der Streit, den er vorhin mit Theo gehabt hatte, ging im andauernd im Kopf herum. All die bösen Worte. All die grenzenlose Wut. War das wirklich nötig gewesen? Theo und er waren seit Jahren die besten Freunde, soweit man in ihrem Umfeld überhaupt von besten Freunden sprechen konnte. Letztlich kämpfte auf der Straße jeder für sich allein. Aber Theo und er, das war bisher immer die große Ausnahme gewesen.

Die Ölsardinen schmeckten gut, gaben ihm Kraft. Er spülte mit einem weiteren Schluck Lambrusco nach. Die beiden Zehen am rechten Fuß, die er sich vor drei Jahren erfroren hatte, taten ihm weh. Ein übles Stechen und Ziehen. Egal. Bald würde sowieso alles zu Ende sein. Die Lebenserwartung hier draußen war nicht besonders hoch, wusste er, seitdem er damit angefangen hatte, die Platte zu machen. Und jetzt war auch noch Theo weg. Gar nicht gut. Zu zweit konnten sie sich wesentlich besser vor Überfällen schützen als alleine. Alleine durftest du keinen tiefen Schlaf haben, sonst wärst du am nächsten Morgen entweder gar nicht mehr aufgewacht oder sie hätten dich bis auf die Unterhosen ausgeraubt. Bestimmt wäre Theo bald zurück. Er war bisher noch jedes Mal zurückgekommen, wenn sie gestritten hatten. Verdammt noch eins, er musste einfach zurückkommen. Schließlich hatte er nur Theo. Was sollte er denn ohne ihn tun?

Dabei war der Grund für ihren Streit so banal gewesen. Theo hatte Rudi als Verlierer beschimpft, und Rudi wollte sich das nicht gefallen lassen. Er wäre kein Verlierer, er habe nur Pech gehabt, hatte er Theo geantwortet. Außerdem habe er keine Lust mehr, sich immer wieder dieselbe Scheiße anzuhören. Theo hatte daraufhin gemeint, wenn hier einer Scheiße erzählen würde, sei das Rudi und nicht er. Da war es Rudi zu bunt geworden. Er hatte Theo ein hirnloses besoffenes Arschloch genannt, woraufhin dieser wutentbrannt seine Sachen gepackt hatte und verschwunden war. Seitdem saß Rudi alleine auf ihrem Platz im Stadtpark, neben dem Gebüsch, gleich bei der großen Eiche. An den Stamm der Eiche konnte man sich wunderbar anlehnen. Ganz so als hätte man einen Stuhl hier draußen. Die Büsche schützen vor dem kalten Wind, vor dem Eis und dem Schnee schützten sie nicht.

Rudi hasste es, wenn er beschimpft wurde. Was das betraf, war er sehr dünnhäutig. Die Worte der anderen trafen ohne Umwege direkt in seine Seele. Bereits als Kind und Jugendlicher war er immer gehänselt worden. Schwächling, Volldepp, Schwachkopf, Penner, Verlierer hatten sie ihn geheißen. Bloß weil er mehrmals in der Hauptschule durchgefallen war. Dabei hätte er das Klassenziel bestimmt genauso gut wie seine Kameraden erreichen können. Aber der andauernde Zwist seiner Eltern hatte ihm damals derart zugesetzt, dass er sich auf nichts mehr konzentrieren konnte.

Der Vater hatte die Mutter und ihn immer wieder geschlagen. Wenn er am Freitagabend besonders betrunken gewesen war, ging er dabei noch brutaler als sonst vor. Der Gürtel mit der großen metallenen Schnalle, der dicke Holzprügel, den er sich einmal extra aus dem Wald mitgebracht hatte oder der Hammer, alles was ihm als Schlagwerkzeug in die Hände kam, war ihm recht gewesen. Oftmals mussten die Sanitäter kommen und die Mutter ins Krankenhaus abtransportieren. Sie hatte den behandelnden Ärzten jedes Mal erzählt, dass sie gestürzt wäre. Hatte ihren brutalen Peiniger auch noch in Schutz genommen. Der hatte sich dafür mit der nächsten Tracht Prügel bedankt, sobald sie wieder zuhause war.

Rudi hatte er wie durch ein Wunder nie so schwer verletzt wie sie, wenn man von den zwei gebrochenen Rippen und der gebrochenen Hand einmal absah. Obwohl er genauso brutal und hemmungslos auf ihn losgegangen war. Meistens hatte er sich auf den Boden fallen lassen, die Arme über den Kopf gehoben und wortlos gewartet, bis es vorbei war. Widerspruch oder Weinen hätte die Raserei des Vaters nur noch verschlimmert.

Als wären die Schläge, die er einstecken musste, für ein Leben nicht schon genug gewesen, hatte er noch dazu bereits als Kind und Jugendlicher nie besonders gut ausgesehen. Ein klarer Nachteil im Kampf um das weibliche Geschlecht. Das hatte er damals schon geahnt, und sein späteres Leben hatte ihm recht gegeben. Die Mädchen ließen ihn links liegen. Ausnahmslos. Als Erwachsener hatte er sich dann mit der Zeit zwar daran gewöhnt, im Schatten der anderen zu stehen. Aber als junger pubertierender Mensch hatte er sich sehr schwer getan, das zu verkraften.

Dennoch hatte er sich am eigenen Schopf aus dem Sumpf der Vorstadt gezogen und sich anschließend hochgearbeitet. Bis zum Filialleiter einer Einzelhandelskette in Passau. Eigene Wohnung, Auto, Urlaub, alles war bestens gewesen. Bis ihn eine der Angestellten wegen Vergewaltigung hinhängen wollte. Er hätte sich ihr im Lagerraum genähert und Geschlechtsverkehr mit ihr erzwungen, hatte sie bei der Polizei ausgesagt. Rudi wusste gar nicht, wie ihm geschah. Er würde niemals einem Menschen Gewalt antun. Das hatte er sich nach den Erfahrungen mit seinem Vater geschworen und er hielt sich auch daran. Auch der Frau hatte er nichts getan.

Vor Gericht stellte sich dann heraus, dass sie sauer auf ihn war, weil er ihr eine Gehaltserhöhung verweigert hatte und dass sie, was die Vergewaltigung betraf, gelogen hatte. Trotzdem hatte Rudi seinen Job verloren. Ein Filialleiter müsste einen einwandfreien Leumund haben, hatte es von Seiten der Geschäftsführung geheißen. Da dürfe nicht der kleinste Fleck auf der weißen Weste sein. Herr Rudi Klein wäre zwar freigesprochen worden, aber es hänge eben immer noch ein gewisser Makel an ihm.

Dann war es bei Rudi zur klassischen Straßenkarriere gekommen. Zuerst war das Geld knapp geworden. Dann musste er in ein kleineres günstigeres Apartment umziehen. Eine Zeit lang konnte er sich mit Gelegenheitsjobs über Wasser halten. Er begann Bier zu trinken. Anfangs nur gelegentlich, weil es ihm gar nicht besonders schmeckte. Dann immer öfter, weil es ihm Ruhe im Kopf verschaffte. Als dann noch Schnaps dazukam, wurde er unzuverlässig, kam nicht zur Arbeit, konnte die Miete nicht mehr bezahlen.

Jetzt nahm er das Rasiermesser zur Hand, das er vom Vater geerbt hatte, nachdem der sich endgültig todgesoffen hatte. Er betrachtete es eingehend, fuhr langsam mit dem Daumen an der Klinge entlang, überlegte, wie schon so oft, ob er seinem Leben damit selbst ein schnelles Ende machen sollte. Schlimmer als hier auf Erden konnte es in der Hölle auch nicht sein. Dann hätte er vielleicht endlich Ruhe.

Er bemerkte noch, wie ihm jemand von hinten das Messer aus der Hand riss. Kurz darauf spürte er ein heißes Brennen an und in seinem Hals in der Höhe der Kehle. Dann spürte er nichts mehr. Es wurde schwarz um ihn herum.

Das Blaulicht der Einsatzwägen erhellte im Sekundentakt den nebligen Morgen. Normalerweise war der Traunsteiner Stadtpark das Schmuckstück der Stadt, ein beliebtes und begehrtes kleines Naherholungsgebiet. Auch bei Schnee und Eis. Doch an diesem eisigen Februarmorgen bemerkte Hauptkommissar Sepp Bauer die winterliche Schönheit um sich herum nicht. Ein Mord war geschehen, und er sollte herausfinden, wer dafür verantwortlich war.

»Das Opfer ist ein Penner, Chef.«

Sein neuer Assistent Ruppert Stiegler kam ihm gemächlich entgegen, während er unter dem weißroten Absperrband hindurchschlüpfte, das die Kollegen von der Spurensicherung rund um den Tatort herum installiert hatten.

»Das heißt nicht Penner, sondern Obdachloser, *Herr* Stiegler«, blaffte Sepp unfreundlich. Er hatte den geschniegelten blonden Burschen aus Rosenheim erst seit einer Woche an der Backe, konnte ihn aber von der ersten Sekunde an nicht ausstehen. Das lag sicherlich nicht nur daran, dass man ihm Ruppert einfach aufs Auge gedrückt hatte. Was Sepp im Übrigen generell für völlig überflüssig hielt, schließlich war er bisher auch gut ohne Assistenten ausgekommen. Nein, Ruppert Stiegler war für ihn einer von diesen Wichtigtuern, die er schon in der Schule nicht hatte leiden können. Verwöhnt, neunmalklug, überheblich und immer vorlaut die Klappe offen. Kurz gesagt: ein unsympathischer junger Depp in Maßanzug und handgearbeiteten Schuhen mit millimetergenau gezogenem Seitenscheitel. Sicher hatte er gleich nach seiner Geburt arrogant aus dem Arm der Hebamme auf seine Mutter herabgesehen und sich gefragt, warum sich diese verschwitzte Frau denn nicht anständig anziehen könne.

»Außerdem ist er ein Mensch wie Sie und ich und

hat bestimmt einen Namen«, fügte Sepp im strengen Vorgesetztenton hinzu.

»Äh, ja … gut, Chef. Stimmt. Er trug einen Ausweis bei sich. Rudi Klein heißt er. Also, hieß er, meine ich.«

»Na, sehen Sie, Herr Stiegler. Dann wissen wir doch schon einiges mehr über den Herrn Klein, oder?«

»Klar, Chef.« Ruppert schaute unbeteiligt durch Sepp hindurch.

»Zeugen?«

»Auch ein Obdachloser, Justus Bieler. Er sitzt da hinten beim Rundbrunnen auf einer Bank.« Ruppert deutete in seine Richtung. »Das Opfer und ein weiterer Obdachloser, ein gewisser Theobald Müller, hätten gestern Abend Streit miteinander gehabt, meint er.«

»Na, das ist doch schon mal was. Haben wir diesen Theobald?«

»Die Fahndung nach ihm läuft.«

»Gut. Was noch?«

»Dem Opfer wurde die Kehle durchgeschnitten. Mit einer sehr scharfen Klinge. Das reinste Blutbad. Der Arzt meint, es könnte ein Skalpell oder ein Rasiermesser gewesen sein.«

»Tatzeit?«

»Ungefähr zwölf, sagt der Arzt.«

»Na gut. Dann sehen Sie zu, dass Sie diesen Theobald auftreiben, die einschlägigen Lokale und Obdachlosenplätze, Bahnhof und so weiter. Wenn Sie ihn haben, bringen Sie ihn zum Verhör aufs Revier.« Damit sollte er eine Weile lang beschäftigt sein und ich habe meine Ruhe, dachte Sepp.

»Alles klar, Chef.« Ruppert legte übertrieben lässig zwei Finger zum Soldatengruß an die Schläfe.

»Herr Bauer!«

»Bitte?«

»Sagen Sie Herr Bauer zu mir, Herr Stiegler. Wir sind hier nicht in einem Fernsehkrimi.« Sepp setzte ein undurchdringliches Gesicht auf.

»Alles klar, Che…, Herr Bauer.« Ruppert machte sich gemessenen Schrittes vom Acker.

Sepp inspizierte den Tatort noch einmal selbst. Doch auch ihm fiel dabei weiter nichts Besonderes auf. »Sichert mir sämtliche Fußspuren um das Opfer herum«, befahl er den Jungs von der Spurensicherung.

»Ach wirklich, Sepp? Das haben wir ja noch nie an einem Tatort gemacht. Muss wohl daran liegen, dass wir ein bisserl blöd sind. Was meinst du?« Der Chef der Abteilung, Johannes Seidl gab sich alle Mühe, seinen Tonfall besonders ironisch klingen zu lassen.

»Ist ja gut, Johannes. Ich mein ja bloß«, brummte Sepp, drehte sich um und ging zu seinem Wagen zurück. Dort angekommen setzte er sich hinein, ließ den Motor an und schlug den Weg ins Büro ein. Kurz vor dem Parkplatz des Reviers klingelte sein Handy.

»Sepp? Ich bin's.« Seine Schwester. Sie war zurzeit wieder einmal zu Besuch hier im Chiemgau. Im Haus ihrer Eltern. Mit den alten Freunden Fasching feiern und Skifahren. Was mochte sie nur von ihm wollen, so früh am Tag.

»Servus, Babs. Was gibt's?«

»Wir wollten doch nächstes Wochenende zusammen mit den anderen Skifahren gehen und irgendwo übernachten. Wo soll ich denn anfragen?«

»Mir egal.«

»Dann vielleicht zur Steinplatte 50? Wir könnten alle zusammen bei unseren österreichischen Freunden in Kirchdorf 51 übernachten. Was meinst du?«

»Klingt gut. Ich muss leider Schluss machen, Babs. Es hat einen Mord gegeben.«

»Einen Mord?« Sie klang neugierig. Wie immer, wenn das Thema auf Kriminalfälle kam.

»Ja, ein Obdachloser hat wohl seinen Freund, einen anderen Obdachlosen, umgebracht.«

»Warum sollte er das tun?«

»Was tun?« Ich habe ihr doch gerade gesagt, was passiert ist. Hört sie neuerdings schlecht?

»Seinen Freund umbringen. Diese Männer leben auf der Straße. Sie brauchen sich doch gegenseitig. Die streiten sich mal. Aber gegenseitig umbringen, das habe ich bisher noch nie gehört.«

»Dann hörst du es halt jetzt.« Er konnte im Moment alles gebrauchen, nur nicht die klugscheißerischen Bemerkungen einer ambitionierten Hobbydetektivin.

»Bist du grantig?«

»Ja, nein, Stress, Babs. Ich habe wenig geschlafen, muss am Sonntag arbeiten und gestern beim Pokern lief es auch nicht so gut.«

»Wie viel hast du verloren?«

»500.«

»Das ist viel.«

»Eben.«

»Kommst du zum Mittagessen heim zu den Eltern?«

»Logisch. Bis dann.«

»Bis dann, Sepp.«

»Und? Wie weit bist du mit deinem Mordfall?« Babs spießte ein Stück Ente auf ihre Gabel, während sie Sepp neugierig ansah.

»Wir haben den Täter.«

»Wow, das ging aber schnell.« Sie hob staunend die Brauen.

»War auch nicht weiter kompliziert. Es war sein Freund, der andere Obdachlose.« Sepp spülte das Blaukraut in seinem Mund mit einem Schluck Bier herunter.

Ihre Eltern, die mit ihnen am reichhaltig gedeckten Esstisch im Wohnzimmer saßen, hörten ihnen still vor sich hinkauend zu.

»Hat er gestanden?«

»Nein. Er streitet alles ab. Aber den klopfen wir schon noch weich.«

»Ach, und andere Spuren werden gar nicht verfolgt? Was ist denn, wenn er es wirklich nicht war?«

Sepps Handy klingelte. Sein langjähriger Kollege bei der Kripo Traunstein war dran. Hauptkommissar Ludwig Bär.

»Ja, Ludwig. Was gibt's?«

»Servus, Sepp. Dieser Theobald Müller hat ein Alibi. Er war die ganze Nacht über bei einer alten Bekannten, einer ehemaligen Obdachlosen. Sie und zwei andere Zeugen haben das bestätigt.«

»Warum hat er das denn nicht gleich gesagt?«

»Er wollte seine Bekannte nicht kompromittieren. Schließlich sei sie jetzt verheiratet, hat er gemeint.«

»Mist. Na gut, dann lasst ihn halt wieder laufen. Danke, Ludwig.«

»Hatte ich recht?« Babs grinste frech.

»Ja«, brummte Sepp.

»Vielleicht liegt der Schlüssel zu deinem Mordfall ja in der Vergangenheit«, meinte sie mit einem sphinxhaften Blick.

»Wie kommst du denn darauf?«

»Habe ich neulich in einem meiner Krimis gelesen. Da war es jedenfalls so.«

»Ich geh noch mal mit dem Hund raus«, rief er seiner Frau vom Flur aus zu.

»Alles klar. Bis dann.« Sie hatte es sich auf der Wohnzimmercouch gemütlich gemacht und sah sich einen Kriegsfilm im Fernsehen an.

Er liebte ihren ostdeutschen Akzent. Als sie sich vor fünf Jahren kennengelernt hatten, war er sofort scharf auf sie gewesen. Aber nicht nur wegen ihrer Aussprache. Sie sah obendrein auch noch hinreißend aus, und sie teilte seine Vorliebe für Kriegsfilme. Allerdings kannte er den, den sie gerade anschaute, bereits. Er zog seine Schuhe an, streifte seinen dunkelblauen Winteranorak über, nahm die Hundeleine vom Garderobehaken, rief seinen Schäferhund Harro zu sich, öffnete die Tür und trat in die eiskalte Nacht hinaus.

Harro hockte sich gleich mal neben das Gartentor und pinkelte ein gelbes Loch in den Schnee. Höchste Zeit, dass der Hund rauskommt, dachte er. Warum bin ich eigentlich immer der Einzige, der mit ihm Gassi geht? Egal. Hauptsache dieser miese Penner ist tot. Und nicht mal mein eigenes Messer musste ich dazu benutzen.

›Grausamer Mord an einem unschuldigen Obdachlosen‹ hatten sie in der Zeitung geschrieben. Vollidioten! Die hatten doch keine Ahnung. Seine blutverschmutzten Handschuhe hatte er in einem Plastikbeutel verpackt in Freilassing 52 in einen Müllcontainer geworfen, wo er am Nachmittag jemanden besucht hatte. Das Rasiermesser, das er Rudi weggenommen und ihn damit anschließend geschächtet hatte, lag längst im Inn. Das würde in hundert Jahren niemand finden.

»Ich komme einfach nicht weiter in dem Fall.« Sepp blickte nachdenklich auf seine Fingernägel.

»Erzähl.« Seine Schwester Babs nickte ihm aufmunternd zu.

Sie hatten sich auf seinen Wunsch im Café Festung 53 in Traunstein getroffen. Eine Woche war nun seit dem Mord an Rudi Klein vergangen und noch immer gab es nicht den geringsten Hinweis auf den Täter. Jetzt musste Babs ran, mit den üblichen Mitteln ging hier nichts weiter. Sie war zwar nur eine Amateurin, die mit Vorliebe Krimis las, aber sie hatte deshalb auch einen unverstellten Blick. Und genau das brauchte Sepp im Moment, eine neue Perspektive, aus der heraus er den Mordfall betrachten konnte.

»Keine Spur. Wir haben sämtliche Obdachlosen verhört, dann gab es noch einen anderen Zeugen. Er hat zur Tatzeit einen schwarzen BMW ganz in der Nähe des Tatortes parken gesehen. Als einziges Fahrzeug weit und breit. Wir sind der Sache nachgegangen, war aber eine Ente. Reiner Zufall. Gerhard Salzgeber, der angesehene Architekt, dem das Auto gehört, hat ein Alibi. Seine Frau und er waren beim Bürgermeister zum Abendessen. Danach sind sie gegen zwei Uhr gemeinsam heimgefahren.«

»Das ist ein sattes Alibi.« Babs nickte zustimmend.

»Eben. Vielleicht waren es ja Jugendliche, dachten wir dann und durchstöberten sämtliche als rechts bekannte Klubs und Vereine. Nichts. Kein Motiv, keine Tatgelegenheit, dicke Alibis. Man könnte verzweifeln.«

»Kann Rudi Klein seinen Mörder von früher gekannt haben?«

»Wir haben in seiner Vergangenheit gewühlt, aber nichts Bedeutendes entdeckt.«

Er berichtete ihr weiter, dass sie auch noch zwei weitere Verdächtige befragt hatten. Einer von ihnen, Gerd Brunner, war schon einmal des Mordes an zwei Obdachlosen verdächtigt worden. Ein brutaler Muskelprotz aus der rechten Szene, dem man aber damals vor Gericht nichts nachweisen konnte. Am Tatabend war er angeblich bei einem Kameradschaftstreffen mit Gleichgesinnten gewesen. Die hatten seine Aussage bestätigt.

Dann war Sepp noch einem Hinweis aus der Bevölkerung nachgegangen. Eine Frau, die in der Zeitung von dem Mord an Rudi Klein gelesen hatte, sagte aus, dass ihr Nachbar, Heiner Rollstätter einen unglaublichen Hass auf die Obdachlosen habe, weil ihn einer von denen einmal angegriffen hätte, als er ihm kein Geld geben wollte.

Die ganze Brut gehöre mit Stumpf und Stiel ausgerottet, hatte Rollstätter wie zur Bestätigung hasserfüllt gebrüllt, als ihn Sepp verhörte. Doch auch er hatte ein Alibi. Seine Frau hatte bezeugt, dass er den ganzen Abend zuhause gewesen wäre. Sepp hatte sich zu diesem Zeitpunkt bereits mit dem Gedanken getragen, die Akten des Mordfalles Klein zu schließen.

»Gute Idee, schließlich wäre der Penner sowieso irgendwann erfroren«, hatte sein neuer Assistent gemeint, als Sepp ihm sein Vorhaben eines Morgens angekündigt hatte. Sepp hatte daraufhin mit Hilfe seines obersten Chefs für Rupperts umgehende Versetzung in den Bayerischen Wald gesorgt. Wer nicht hören will, muss eben fühlen, hatte er sich dabei gesagt.

»Und wenn du dir diesen Theo, den Freund des Opfers noch einmal vornimmst? Vielleicht hat er ja doch etwas gesehen. Oder er weiß etwas, was wir noch nicht wissen.« Babs trank einen Schluck von ihrem köstlichen Milchkaffee.

»Eher nicht. Der hat gesungen wie ein Vögelchen, als wir ihn hier hatten. Der hat alles gesagt, was er wusste. Da bin ich mir sicher.«

»Und wenn es doch Jugendliche waren? Oder Brunner? Oder Rollstätter? Oder doch dieser Salzgeber?« Babs bekam einen Tunnelblick. Wie der Jäger, der seine Beute erspäht hatte.

»Ich weiß es nicht.« Sepp schüttelte den Kopf. »Aber ich kann mir die drei Hauptverdächtigen ja noch ein letztes Mal vornehmen.«

»Eben.«

»Kommst du mit?«

»Logisch.«

Brunner und Rollstätter hatten ihre Aussagen noch einmal genervt bestätigt. Babs wollte allerdings weder dem einen noch dem anderen so recht glauben. Sie war sich sogar so gut wie sicher, dass alle beide logen. Auf eine Verhaftung wollte sich Sepp aber mangels schlüssiger Beweise oder Indizien nicht einlassen. Ein Motiv allein sei nun mal nicht genug. Da müsste man schon auf andere Art an die beiden herankommen.

Jetzt erreichten sie Salzgebers Villa, die etwas außerhalb der Stadt vor einem kleinen Wäldchen lag. Ein traumhaft schönes Anwesen in traumhafter Lage. Der Herr des Hauses öffnete ihnen persönlich, bat sie aber nicht herein.

»Grüß Gott, Herr Salzgeber. Wir hatten ja bereits das Vergnügen. Das hier ist meine Schwester.« Sepp zeigte auf Babs. »Sie geht mir bei den Ermittlungen im Mordfall Klein ein wenig zur Hand.«

»Auch bei der Polizei?« Salzgeber lächelte sie förmlich an.

»Nein, sie ist Beraterin.«

»Aha. Was kann ich noch für Sie tun, Herr Bauer?« Salzgeber beachtete Babs, die sich gerade frischen Lippenstift auflegte, nicht weiter. Er hatte sich frühzeitig angewöhnt, nur mit den wichtigen Leuten zu reden. Die Unwichtigen ließ er gewohnheitsmäßig links liegen. Seiner steilen Bilderbuchkarriere war das immer zugute gekommen.

»Es geht noch einmal um ihr Alibi in der Tatnacht. Sie hatten ja ausgesagt, dass sie beim Bürgermeister zu Gast waren.« Sepp räusperte sich verlegen. Er wusste selbst nicht so genau, was er hier eigentlich erneut sollte. Aber wenn Babs meinte, es wäre nötig, na gut.

»Richtig.«

»Haben Sie den Raum, in dem das Abendessen stattfand, einmal verlassen?«

»Nicht nur einmal. Mehrmals. Genau wie alle anderen. Wir saßen von 20:00 Uhr bis zwei Uhr in der Früh. Und wir tranken. Da muss man ab und an einfach mal wohin.« Salzgeber blickte sein Gegenüber von oben herab an, obwohl er gut zehn Zentimeter kleiner war als Sepp.

»Natürlich. Zeugen?«

»Auf der Toilette? Doch, der Bürgermeister. Ich bin jedes Mal mit ihm zusammen gegangen. Gehen Sie etwa allein zum Pinkeln?« Salzgeber runzelte arrogant die Stirn.

»Sind Sie Raucher?« Sepp ging nicht auf die Provokation ein. Das führte zu nichts, wie er aus zahlreichen ähnlichen Situationen wusste.

»Ja, warum? Ist das jetzt auch schon strafbar? Stellen Sie sich vor, sogar der Bürgermeister raucht. Richtig gemütlich verraucht war es bei ihm.« Salzgeber errötete echauffiert. »Also, Herr Bauer. Wenn Sie nichts wirklich Wichtiges haben, würde ich unser Gespräch jetzt gerne beenden«, schnarrte er unfreundlich. »Ich habe jede Menge zu tun.«

»Alles klar. Dürfen wir Ihre Frau noch kurz sprechen?«

»Von mir aus.«

Salzgeber rief nach ihr.

Nachdem sie seine Aussagen erneut bestätigt hatte, verabschiedeten sich Babs und Sepp. Nachdenklich stapften sie durch den knöchelhohen Schnee in der Einfahrt zu Sepps Dienstwagen zurück.

»Das ist wohl ein bombensicheres Alibi. Aber ganz geheuer war mir der Kerl trotzdem nicht. Er hatte so ein komisches Flackern in den Augen.« Babs schnallte den Sicherheitsgurt um.

»Deswegen darf ich ihn aber leider nicht festnehmen«, spöttelte Sepp. »Und jetzt? Haben wir immer noch drei Hauptverdächtige?«

»Schaut so aus. Wenn du mich fragst, könnte es jeder von den dreien gewesen sein. Rein gefühlsmäßig.«

»Trotz ihrer Alibis?«

»Ja.«

»Und was machen wir, um sicher zu gehen?«

»Ich glaube, ich habe da eine Idee.« Babs lächelte wissend.

Er trabte zügig mit Harro Richtung Stadtpark. Es galt den Zeugen zu beseitigen, der gesehen haben wollte, wie er Rudi Klein umgebracht hatte. 100.000 Euro hatte er am Telefon verlangt, in kleinen Scheinen. Er wäre ein sehr guter Freund von Rudi gewesen, hatte er gesagt und ihn wegen der Geldübergabe zu einem nächtlichen Treffen in den Stadtpark bestellt. Also noch ein Obdachloser, logisch. Wer brauchte diese Versager schon? Kein Mensch. Aber woher wusste der Kerl eigentlich seine Telefonnummer und wo er wohnte? Hatte er ihn etwa nach dem Mord verfolgt? Wahrscheinlich hatte er sich ganz in der Nähe versteckt gehabt. Mist, wie hatte er den nur übersehen können. Egal. Der Bursche würde so oder so gleich den Löffel abgeben, dann wäre dieses kleine Problem auch gelöst.

Leise näherte er sich dem spärlich beleuchteten Park. Schau an, da hinten, das muss er sein. Dort auf der Bank, wie abgemacht. Er band Harro an einem kleinen Baum fest, damit er seine Ankunft nicht verriet. Dann nahm er das Küchenmesser heraus, das er vorhin zuhause noch einmal gründlich geschliffen hatte, und schlich sich von hinten an den Erpresser heran. Immer näher. Bis er dicht hinter ihm stand. Die lange Stahlklinge blitzte im Mondlicht auf, als er sie über den Kopf hob, um damit auf sein Opfer einzustechen.

»Stehen bleiben, Polizei!«, erklang es im selben Moment. Überall rundherum leuchteten grelle Scheinwerfer auf. »Werfen Sie auf der Stelle das Messer weg!« Er gehorchte. Dann ließ er sich ohne Gegenwehr Handschellen angelegen. Der Erpresser auf der Bank drehte sich währenddessen langsam zu ihm um. Aber das war doch dieser Hauptkommissar, dieser Sepp Bauer. Verdammt noch mal.

»Haben Sie sich an Herrn Klein auch so gekonnt herangeschlichen, Herr Salzgeber?« Sepps Stimme klang genauso kalt wie der Frost, der alles hier draußen in seinem eisigen Griff hatte.

»Ach, lassen Sie mich doch in Ruhe.« Salzgeber schüttelte ärgerlich den Kopf. »Ich wollte den Obdachlosen hier nur einen Gefallen tun und ihnen ein Messer schenken. Zur Verteidigung, und wenn sie sich mal etwas kochen wollen.«

»Das würde alles wunderbar klingen, wäre da nicht dieser Anruf bei Ihnen gewesen.« Sepp grinste zufrieden.

»Welcher Anruf? Ich weiß von keinem Anruf.«

»Aber wir, Herr Salzgeber. Mein Kollege Ludwig Bär war höchstpersönlich am Telefon und hat Sie, genau wie unsere anderen Hauptverdächtigen, erpresst und hierher zur Geldübergabe beordert.«

»Ach, jetzt erpresst die Polizei schon harmlose Bürger. Na, da wird Ihr Chef aber etwas zu hören bekommen. Da können Sie sich darauf verlassen. So etwas dürfen Sie gar nicht.«

»Polizei hin oder her. Sie sind als Einziger gekommen, bewaffnet.« Babs, die gerade mit weiteren Beamten aus den umliegenden Büschen gekrochen kam, konnte den Triumph in ihrer Stimme nicht verhehlen. Die ganze Falle hier war schließlich ihre Idee gewesen. »Alle hier haben gesehen, wie Sie gerade auf Ihren vermeintlichen Erpresser einstechen wollten. Die Sache ist klar. Oder was sagen Sie dazu?«

»Damit kommt ihr nicht durch. Das zerreißt euch mein Anwalt in der Luft.« Salzgeber bekam kaum noch Luft vor Angst und Aufregung.

»Wenn sie gestehen, kann sich das strafmildernd auswirken.« Sepp blickte ihm auffordernd ins Gesicht.

»Es gibt nichts zu gestehen.«

»Ach, kommen Sie schon, Herr Salzgeber.« Babs winkte ab. »Sogar der Bürgermeister hat ausgesagt, dass sie am Tatabend mehrmals für längere Zeit das Abendessen verlassen hätten. Und dass Ihnen ein Mord ohne Weiteres zuzutrauen wäre, hat er auch noch gemeint.« Sie log absichtlich. Mal sehen, vielleicht fiel er ja darauf herein.

»Was? Der verdammte Verräter. Der soll lieber mal seine eigenen Leichen im Keller … Scheiße!« Salzgeber hielt sich den Mund zu.

»Verräter? Schaut so aus, als hätte sich da gerade jemand gründlich verplappert.« Babs blickte vielsagend in Sepps Richtung.

»Schaut so aus«, erwiderte er.

»Von mir hört ihr nichts mehr.« Salzgeber blickte stur und überheblich geradeaus.

Während zwei Beamte in Uniform den Tatverdächtigen abführten, stiegen Sepp und Babs in Sepps dunkelblauen Dienstwagen.

»Superidee mit der Falle übrigens, Babs.« Er grinste anerkennend zu ihr hinüber. »Warum bin ich da eigentlich nicht selbst drauf gekommen?«

»Weil du zu wenig Krimis liest?«

Nachdem sein Anwalt Salzberger auf dem Revier mitgeteilt hatte, dass sich seine Frau mit Harro abgesetzt hätte, weil sie mit einem Mörder nichts zu tun haben wollte, gestand er dann doch noch. Weil jetzt eh schon alles egal wäre, wie er meinte. Rudi hätte er von früher aus Berchtesgaden 54 gekannt, als es dem dort noch gut gegangen war. Sie hätten öfter etwas zusammen unternommen. Und ausgerechnet sein alter Kumpel Rudi hätte ihn dann vor ein paar Tagen erpresst, weil er gewusst hätte, dass Salzgeber damals absichtlich das Finanzamt betrogen hatte. Es war um eine gute Million gegangen. Rudi hätte davon gewusst, weil Salzgeber ihm gegenüber einmal alles im Suff ausgeplaudert hatte.

Bisher wäre immer alles gut gegangen, aber auf einmal schien Rudi gierig zu werden, wollte wohl nicht mehr im Kalten schlafen. 500.000 Euro hätte er am Telefon von ihm verlangt. Gott sei Dank wäre es ein Leichtes für ihn gewesen herauszufinden, wo sich Rudi aufhielt. Dass er auf der Straße lebte, wusste er. Dann hätte er sich beim Abendessen des Bürgermeisters, das ganz in der Nähe stattgefunden hatte, für eine Viertelstunde rausgeschlichen und wäre in den Stadtpark gerannt, um Rudi zur Rede zu stellen. Als er aber sah, dass Rudi ein Rasiermesser in der Hand hielt, hätte er die Gunst der Stunde genutzt und gleich kurzen Prozess mit Rudi gemacht. Schließlich hätte er sich etwas aufgebaut, im Gegensatz zu Rudi, der jahrelang nur stinkfaul herumgesessen wäre und gesoffen und fremde Leute angeschnorrt hätte.

FREIZEITTIPPS:

50 Tipp 157-158: Steinplatte. Herrliches Skigebiet. 44 km Piste, Waidring, Reit im Winkel, Winkelmoosalm

51 Tipp 159-162: Kirchdorf in Tirol. Kleiner kuscheliger Ferienort mit vielen Wandermöglichkeiten und Almen im Sommer, nicht weit von St. Johann. Zu besichtigen sind die Latschenkiefer Brennerei und die Gedenkkapelle.

52 Tipp 163-167: Freilassing. Netter kleiner Ort nahe der Grenze zu Österreich. Grünmarkt, Bauernmarkt, urige bayrische Lokale, Biergärten, Radwege, auch für Mountainbiker und schöne Wanderwege. Kostenlos parken!

53 Tipp 168: Café-Lounge Festung in Traunstein. Café, Bar, Kneipe mit Musik am Abend. Ab und zu Partys und Feste.

54 Tipp 169-179: Berchtesgaden. Beliebter Urlaubsort in den Chiemgauer Bergen. Berühmt sind der Königsee und der Obersalzberg, Hitlers ehemaliges Urlaubsquartier. Das Salzbergwerk lohnt auf jeden Fall einen Besuch sowie der Salzheilstollen, die Watzmann Therme, das Schloss Berchtesgaden, der Nationalpark Berchtesgaden, Maria Gern, das Heimat Museum, die Almbach Gorge und vieles mehr.

SAMBIA-BAYERN

»Glatter Kopfschuss aus größerer Entfernung. Da ist nichts mehr zu machen. Er war wohl sofort tot.« Polizeiarzt Jürgen Fischer, der neben dem leblosen dunkelhäutigen Körper in blauem Anzug und Wintermantel kniete, schaute kopfschüttelnd zu Hauptkommissar Sepp Bauer hinauf. »So wie er daliegt und dem Einschusswinkel nach müsste der Schuss von dem Dach da hinten aus abgefeuert worden sein.« Er zeigte in Richtung des gelben Hauses, das gute hundert Meter vom Tatort entfernt lag.

»Alles klar, Doktor.« Sepp kniff verärgert die Lippen zusammen. Er hasste es, noch vor dem Frühstück zu einer Leiche gerufen zu werden. Wenn der Tag schon wieder so anfing, ging ihm das nicht nur auf den Magen, sondern auch aufs Gemüt.

Ein toter Schwarzer auf dem vereisten Stadtplatz von Traunstein. Und dann wurde die Tat allem Anschein nach auch noch von einem Heckenschützen verübt. Also eindeutig ein geplanter Mordanschlag. Hoffentlich war es nur eine einmalige Sache und es gab in den nächsten Tagen nicht noch mehr Tote. In den USA zum Beispiel brachten ja immer wieder irgendwelche Wahnsinnigen einfach so zum Spaß einen Haufen Leute aus dem Hinterhalt um. Nicht auszudenken, wenn das jetzt auch hier im schönen Chiemgau Nachahmer finden sollte.

»Wissen wir, woher er kommt?«, erkundigte sich Sepp bei seinem Kollegen Ludwig, der bereits vor einer halben Stunde am Tatort eingetroffen war. »Schaut wie ein Geschäftsmann aus. Oder wie ein Politiker.«

»Der Schein trügt nicht. Er war Geschäftsmann und kommt aus Afrika. Genauer gesagt aus Sambia. Sein Name war laut Reisepass Moses Kaoma.«

»Moses Koma?« Sepp runzelte irritiert die Stirn.

»Kaoma.«

»Aha. Was macht denn ein Geschäftsmann aus Sambia im noch winterlichen Traunstein?«

»Geschäfte?«, Ludwig grinste humorlos.

»Logisch. Aber welche?«

»In Sambia gibt es zum Beispiel jede Menge Kupfer.«

»Kupfer. Was du schon wieder alles weißt. Du meinst für Centstücke? Aber wir produzieren hier doch gar keine Münzen.« Sepp schüttelte verwirrt den Kopf.

»Kupfer braucht man überall, vor allem für Computer.«

»Ach wirklich, Herr Neunmalklug? Das weiß ich auch«, grantelte Sepp. »Melde dich doch mal für *Wer wird Millionär* an.«

»Wenn du es eh weißt …« Ludwig kehrte ihm den Rücken und machte sich davon. »Ich befrage meine Zeugen zuende.«

»Jetzt sei doch nicht eingeschnappt, Ludwig.« Sepp kam ihm hinterher. Herrschaftszeiten, diese Mühldorfer 55 waren wirklich schnell beleidigt.

»Trink erst mal einen Kaffee. Vorher bist du sowieso ungenießbar.« Ludwig ging weiter, ohne sich umzudrehen.

»Okay, hast recht.« Sepp blieb stehen. Kupfer für Computer. War damit heutzutage noch ein Geschäft zu machen? Wohl schon. Schließlich kamen Mikrochips nicht ohne das Zeug aus. Und die ganzen Leitungen waren auch aus Kupfer. Oder steckte doch etwas anderes dahinter? Diamanten zum Beispiel?

Er betrat die nächste Bäckerei und bestellte sich ein Schokocroissant mit Café au lait, ganz gemäß der neuen Lebensphilosophie, die er sich letztes Jahr aus dem Frankreichurlaub am Atlantik mitgebracht hatte: Wenn man schon wie ein Tier arbeiten musste, sollte man wenigstens essen und trinken wie Gott in Frankreich.

Während er, die blauen Wellen des Atlantiks vor Augen, genussvoll vor sich hinkaute, betrat auf einmal seine hübsche ältere Schwester den kleinen Verkaufsraum.

»Servus, Babs. Was treibt dich zu so früher Zeit nach Traunstein?« Er winkte ihr zur Begrüßung zu.

»Ich hole mir nur ein paar Käsesemmeln, und dann wollte ich mit Marianne zum Langlaufen.«

Marianne war eine alte Freundin von ihr, die genauso gern auf der Loipe unterwegs war wie Babs.

»Und was machst *du* hier?«, fuhr sie neugierig mit gesenkter Stimme fort. »Hat man jemanden umgebracht?«

»Woher weißt du das?«

»Mein untrüglicher Riecher.«

»Es wurde tatsächlich jemand erschossen.« Sepp erzählte ihr, was er gerade erfahren hatte.

»Bestimmt hat der Mord etwas mit den Geschäften von diesem Moses Koma zu tun«, meinte sie, nachdem er geendet hatte.

»Kaoma.«

»Aha. Na gut, Kaoma. Komischer Name.«

»Ja mei, andere Länder, andere Namen. Schweinsteiger klingt auch nicht viel besser oder Tittenkofen.« Sepp zuckte gleichmütig die Achseln. »Obwohl er schon saugut spielt, der Schweinsteiger. Soweit war ich übrigens auch schon, was seine Geschäfte und den Mord betrifft, meine ich.«

»Mit wem hat er sich denn getroffen?«

»Keine Ahnung. Das wollte ich als Nächstes herausfinden. Fragt sich nur wie.« Er sagte die letzten Worte mehr zu sich selbst.

»Gibt es keine Zeugen für den Anschlag?« Babs nahm den Faden trotzdem auf.

»Doch. Ludwig verhört sie gerade.«

»Dann frag ihn doch einfach. Vielleicht war dieser Moses ja nicht alleine.«

»Gutes Mädchen.« Sepp spülte den letzten Bissen seines Hörnchens mit dem letzten Schluck Kaffee hinunter, verabschiedete sich von Babs und eilte so schnell wie möglich zum Tatort zurück.

Ludwig begrüßte ihn mit der Frage, ob man jetzt wieder einigermaßen vernünftig mit ihm reden könne, was er entschieden bejahte. Daraufhin sprach Ludwig weiter. Ein Zeuge, ein gewisser Heribert Köhler, wollte gesehen haben, dass Moses Kaoma nicht allein gewesen war. Er meinte, einen der überregional bekannten hiesigen Geschäftsmänner, Florian Seidl, bei dem Toten gesehen zu haben, als die Schüsse fielen.

»Der große Computerseidl aus Laufen 56?« Sepp zog überrascht die Brauen hoch. Computer, das passte ja wieder einmal wie die Faust aufs Auge. Also ging es doch um Kupfer?

»Genau der.« Ludwig nickte bestätigend.

»Na, da kommt doch langsam Licht ins Dunkel. Fahren wir zu ihm?«

»Logisch.«

»Sie waren also den ganzen Morgen zuhause, Herr Seidl? Kann das jemand bestätigen?« Sepp sah den erfolgreichen blonden Geschäftsmann, der wie ein König hinter seinem Schreibtisch thronte, erwartungsvoll an. Ludwig und er hatten ihn zuerst erfolglos in seiner Wohnung am Ortsrand gesucht und ihn nun in seinem Büro in Laufen angetroffen.

»Nein, ich war alleine. Meine Frau ist zurzeit in der Karibik beim Tauchen.« Seidls Mimik ließ nicht den geringsten Zweifel am Wahrheitsgehalt seiner Aussage aufkommen. Er wirkte sehr offen, absolut ehrlich und zugänglich. Durch und durch Geschäftsmann eben.

»Aber Sie wurden heute morgen auf dem Stadtplatz gesehen. Neben dem erschossenen Moses Koma.«

»Kaoma«, verbesserte Ludwig, der auf dem zweiten Besucherstuhl neben Sepp saß, seinen Kollegen. Da er vorhin noch beim sambischen Konsulat angerufen hatte, um dort den Mord an Moses zu melden, war ihm der richtige Name bestimmt bis in alle Ewigkeit präsent. Zehnmal hatte er seine gesamte Litanei heruntergebet, zehnmal hatte es am Ende *Moment, Herr Bär, dafür ist der Kollege so und so zuständig* geheißen. Dann erst hatte er den richtigen Beamten am Apparat gehabt.

»Richtig, Kaoma. Ganz vergessen. Äh … Was sagen Sie dazu, Herr Seidl?«

»Nichts. Ihr Zeuge muss sich geirrt haben. Ich kenne keinen Moses Kaoma. Wer will mich denn dort gesehen haben?« Seidl nahm es offenbar gelassen hin, dass er in einen Mordfall verwickelt sein sollte.

»Heribert Köhler, ein Rent…«, erwiderte Ludwig ohne nachzudenken.

»Den Namen vergessen Sie am besten gleich wieder, Herr Seidl«, fuhr Sepp seinem Kollegen über den Mund. Sapperlot, war Ludwig denn völlig verrückt geworden? Man gab doch keine Namen von Zeugen an Verdächtige weiter.

»Wie auch immer, meine Herren. Ich war nicht dort. Falls Sie mir nicht glauben, müssen wir das eben in einer Gerichtsverhandlung klären. Meine Anwälte freuen sich immer über lohnende Arbeit.« Seidl lehnte sich mit einem sehr selbstgefälligen Blick zurück.

»Braucht man eigentlich viel Kupfer in der Computerherstellung?« Sepp wechselte unvermittelt das Thema. Wäre doch gelacht, wenn er diesen aalglatten Kerl nicht wenigstens ein bisschen aus der Reserve locken könnte.

»Wie kommen Sie jetzt darauf?« Seidl hob überrascht die Brauen. »Was soll denn Kupfer mit der

Sache zu tun haben? Ist der Mann an einer Kupferkugel gestorben?«

Sepp meinte, ein unsicheres Flackern in seinen Augen festzustellen. Na also, dachte er, geht doch.

»Nein. Es interessiert mich bloß.«

»Natürlich braucht man Kupfer. Wir haben da auch unsere Lieferanten.«

»Die sitzen aber nicht zufällig in Afrika?«, bohrte Sepp weiter.

»Auch. Aber den Hauptanteil unseres Kupferbedarfs beziehen wir aus Chile. Alte Geschäftsbeziehungen, Sie verstehen?« Seidl legte wie ein Dozent sorgfältig die Fingerspitzen aneinander.

»Aber ein Teil kommt aus Afrika? Aus Sambia?«

»Ja. Dort gibt es Unmengen von dem Zeug.« Seidl blickte verwirrt drein, so als könne er sich nicht im Geringsten erklären, warum er das gerade gefragt wurde.

»Und Sie kennen ganz sicher keinen Moses Koma?« Sepp rutschte auf den Rand seines Stuhls vor, während er Seidl mit einem intensiven Blick fixierte.

»Kaoma«, verbesserte Ludwig erneut.

»Ganz sicher nicht«, erwiderte Seidl mit ausdrucksloser Miene.

»Und stell dir vor, am Nachmittag ruft dieser Heribert Köhler, unser Zeuge auf dem Revier an und sagt, dass er seine Aussage zurücknehme. Er hätte sich den Herrn Seidl noch einmal genau bei seinem Enkel im Internet angeschaut und sei sich jetzt ganz sicher, dass der Mann, den er auf dem Stadtplatz gesehen hatte, Seidl zwar zum Verwechseln ähnlich gewesen wäre, aber es wäre ganz sicher nicht Seidl gewesen. Und das alles *nachdem* wir bei Seidl waren.« Sepp schüttelte fassungslos den Kopf, während er einen Schluck von seinem Bier trank.

Er hatte sich mit Babs im Fischerstüberl in Rottau 57
getroffen, um seinen Mordfall bei einem gemeinsamen Abendessen mit ihr durchzusprechen.

»Was muss dem Ludwig auch der Name herausrutschen.« Babs hob ihr Weinglas zum Mund. Mein geliebter Grüner Veltliner, dachte sie, einfach zu köstlich.

»Aber echt. So ein Depp. Noch mal braucht er so etwas nicht zu bringen. Aber jetzt kommt das Beste, Babs. Schnall dich an.« Sepp trank noch einen Schluck, um die Stimmbänder zu ölen. Er wusste genau, dass das, was jetzt kam, eine Weile dauern würde.

»Schieß schon los«, forderte ihn seine Schwester ungeduldig auf. »Aber vorher habe ich noch eine Frage. Hat eigentlich niemand den Schützen davonlaufen gesehen?«

»Nein, leider nicht. Dann hätten wir es leichter.« Sepp hob bedauernd die Hände. »Aber jetzt weiter im Text.«

Er verriet ihr, dass er in Sambia bei der Frau von Moses Kaoma angerufen habe, um ihr die Nachricht vom Tod ihres Mannes zu überbringen, auf Englisch natürlich. Hope Kaoma hätte aber bereits davon gewusst, jemand von der Regierung hätte sie angerufen. Schließlich sei ihr Mann der Sohn des Cousins des Präsidenten gewesen. Moses hätte seit kurzem mit einem Bankchef und einem reichen Geschäftsmann aus Bayern in Verhandlungen gestanden, hätte sie dann noch gemeint. Wegen dem Verkauf einer Kupfermine an diese Herren, an deren Namen sie sich gerade nicht erinnern könne. Doch halt, der Mann von der Bank hieß *Hirsemeise* oder so ähnlich, verbesserte sie sich gleich darauf. Als Sepp fragte, ob sie *Hierlmeier meine*, sagte sie ja, genau so hieße der Mann. Glaube sie jedenfalls.

Jedenfalls wollte Herr Hierlmeier bei der Sache für die Finanzierung sorgen, und der Geschäftsmann hätte versprochen, die gesamte Abwicklung zu übernehmen. Effektive Abbau- und Förderanlagen, moderne Fertigungsanlagen für die Kupferbleche, Leute einstellen, LKWs, Transport, alles eben. Für Moses, für Sambia und für die beiden Herren aus Bayern wäre das ein Riesengeschäft geworden, denn Moses hätte ihnen einen sehr guten Preis für eine sehr ergiebige Mine gemacht, da er den Eigner gut kannte.

Ein richtig vielversprechendes Projekt also. Wenn da nicht Hope Kaomas Schwager gewesen wäre, Moses' jüngerer Bruder Maximilian. Dem wäre die ganze Angelegenheit zu Ohren gekommen, und er wollte Moses sowie Herrn Hierlmeier übers Ohr hauen. Aus reiner Rachlust, weil Moses bei allen möglichen Leuten beliebter war als er. Er hätte also diesen bayrischen Geschäftsmann angerufen und ihm ein Angebot unterbreitet, das der nicht ablehnen konnte.

Nur wenig später hätten Maximilian und der bayrische Geschäftsmann dem unwissenden Herrn Hierlmeier von der Bank eine völlig heruntergekommene minderwertige Kupfermine in Sambia zu einem Preis angeboten, der nur geringfügig günstiger war als der Preis, den Moses für seine sehr hochwertige Mine haben wollte. Herr Hierlmeier hätte an Maximilian somit zwar etwas weniger bezahlt, aber der Gegenwert für seine Euros wäre gleich Null gewesen. Das hätte Herr Hierlmeier von der Bank aber wiederum erst viel zu spät gemerkt, da immer nur dieser bayrische Geschäftsmann in Sambia vor Ort gewesen wäre, was wohl auch in Zukunft nicht anders vorgesehen war. Herr Hierlmeier schien dem Mann wohl sehr zu vertrauen.

Den satten Gewinn aus der ganzen Sache wollten Maximilian und der bayrische Geschäftsmann natürlich alleine einstreichen, ohne Moses zu beteiligen. Sie habe das alles von Maximilian selbst erfahren. Er neige gelegentlich zur Prahlerei.

Und er wäre bestimmt auch Schuld an Moses' Tod, hätte sie zwischenrein bemerkt. Sie hätte bislang ein Verhältnis mit Maximilian gehabt. Aber jetzt, nachdem er schuld am Tod seines Bruders wäre, wollte sie nichts mehr mit ihm zu tun haben. Im Gegenteil, er und dieser bayrische Geschäftsmann sollten ihre gerechte Strafe bekommen. Also verrate sie dem deutschen Kommissar jetzt alles, was sie wüsste. Wenn es nötig wäre, würde sie sogar persönlich nach Bayern kommen, um gegen die beiden auszusagen.

Dann hätte sie den ursprünglichen Faden erneut aufgenommen, berichtete Sepp weiter. Moses habe kürzlich ein die ganze Angelegenheit betreffendes Telefonat zwischen Maximilian und dem deutschen Geschäftsmann belauscht und sei daraufhin umgehend nach Deutschland geflogen, um mit Herrn Hierlmeier von der Bank zu sprechen. Maximilian habe das natürlich wiederum ebenfalls mitbekommen und den bayrischen Geschäftsmann angerufen, während Moses im Flieger saß. Sie müsse sich keine Sorgen um ihre gemeinsame Zukunft machen, habe Maximilian Hope nach diesem Telefonat eröffnet. Ihr Mann würde nicht wieder zurückkommen. Sie hätte nicht so recht gewusst, was er damit gemeint habe, wäre aber wie eh und je davon überzeugt gewesen, dass ihr Mann sie natürlich ganz bestimmt nicht verlassen würde.

Bis sie heute früh gehört hätte, dass Moses erschossen worden wäre. Da hätte sie sofort gewusst, dass Maximilian und dieser bayrische Geschäftsmann dahinter stecken mussten. Bestimmt hätten die zwei verhindern wollen, dass Moses den Herren Hierlmeier von der Bank über ihre finsteren Pläne aufklärte. Es könne deshalb nur so gewesen sein, dass dieser bayrische Geschäftsmann den armen Moses erschossen hätte. Oder er hätte ihn erschießen lassen, was in Deutschland wohl sicher nicht wesentlich teurer sei als in Afrika.

»Sauber, sag ich. Ob Bayern oder Afrika, die Gangster sind doch überall dieselben.« Babs schüttelte den Kopf. »Und wie dieser deutsche Geschäftsmann heißt, ist ihr wirklich nicht mehr eingefallen?«

»Doch. Ganz am Schluss hat sie gemeint, es wäre ihr wieder eingefallen, er hieße Seidi oder so ähnlich. Ich habe natürlich gleich nachgefragt, ob sie Florian Seidl meinte, was sie mir sofort bestätigt hat.«

»Aber dann hast du deinen Mordfall doch gelöst. Zumindest den Auftraggeber hast du.«

»Aber außer der Aussage einer Afrikanerin, die ein paar Tausend Kilometer entfernt wohnt, habe ich nichts. Ich kann Seidl nichts nachweisen. Nicht einmal den Kontakt zum Opfer.« Sepp raufte sich genervt die Haare.

»Aber du hast jemanden, der dir verdammt dankbar sein kann, wenn du ihm alles haarklein berichtest.« Babs setzte ihren berühmten rätselhaften Blick auf.

»Und wer soll das sein?« Sepp schüttelte den Kopf.

Babs schaute nur vielsagend.

»Ach, du Schande. Du meinst …«

»Genau. Den Herrn Hierlmeier. Der küsst dir doch die Füße, wenn du ihm von den üblen Plänen der beiden erzählst.«

»Und er kann bezeugen, dass Seidl in der Sache mit drinhängt und eindeutig gelogen hat, als er seine Bekanntschaft mit Moses Kaoma geleugnet hat.« Sepps Miene erhellte sich. Endlich tauchte in diesem undankbaren Fall ein kleiner Silberstreif am Horizont auf.

»Vielen Dank, Herr Bauer. Und ein ganz besonderer Dank geht auch an Sie, Frau Bauer.« Der Chef der Stadtbank, Rudolf Hirlmeier schüttelte den Geschwistern mit einem breiten Lächeln die Hände, während

Florian Seidl von zwei Polizeibeamten aus seinem Büro abgeführt wurde. »Wenn sie nicht gewesen wären, hätten wir große Verluste gehabt. Falls sie einmal einen besonders günstigen Kredit brauchen, Frau Bauer, wir stehen Ihnen gerne zur Verfügung. Dasselbe gilt natürlich auch für den Herrn Hauptkommissar.«

»Aber die Falle, die wir Herrn Seidl alle zusammen gestellt haben, war auch nicht schlecht. Allein wie entrüstet Sie ihn vorhin mit dem Betrug konfrontiert haben, den er mit Ihnen und Moses Koama vorgehabt hatte, wirklich gut.« Babs lächelte freundlich zurück. »Er fühlte sich offensichtlich immer mehr in die Enge getrieben.«

»Kein Wunder bei der Beweislast. Schließlich liegen mir die Angebote für beide Kupferminen mitsamt der zugehörigen Korrespondenz vor.«

»Eben.« Sepp nickte zustimmend. »Das musste eigentlich nur noch im richtigen Rahmen richtig bewertet werden und bums, saß er in der Tinte. Aus einem so haarsträubenden Unternehmen redet man sich nicht so einfach wieder heraus.«

»Aber das Beste war, dass Ihre Behörde auch noch den Auftragskiller erwischt hat, der gegen Herrn Seidl aussagen will.« Hierlmeier strahlte nach wie vor mehr als erleichtert.

»Ein blutiger Anfänger. Es war sein erster Auftrag. Nicht mal seine Waffe hat er entsorgt. Der will jetzt natürlich so gut es geht seinen Hintern retten.« Sepp grinste grimmig. »Maximilian Koama hat man in Sambia übrigens wieder laufen gelassen«, fuhr er fort. »Niemand dort konnte oder wollte mit Sicherheit sagen, dass er den Mord an seinem Bruder wirklich in Auftrag gegeben hatte.«

»Auch logisch. Spezlwirtschaft halt, wie bei uns«, meinte Babs achselzuckend. »Außerdem haben die da unten keine Babs Bauer.«

Beifälliges Gelächter der anderen, während sie vergnügt ihren Lippenstift auffrischte.

»Die Sache mit Sambia haben wir übrigens abgeblasen«, verkündete der Chef der Stadtbank zum Schluss noch. »Viel zu riskant. Dafür stehen wir inzwischen mit einem russischen Konsortium in Kontakt. Höchst lukrative Gewinnspannen. Ich verrate Ihnen bloß soviel: Sibirien und Diamanten.«

FREIZEITTIPPS:

55 Tipp 180-184: Mühldorf am Inn. Die Stadt ist reich an Kunstschätzen und weiß, Feste zu feiern. Ob Fasching, Traditionsvolksfest oder Altstadtfest, hier geht es immer ursprünglich zu. Sehenswert sind zahlreiche kunstvolle Bauwerke, Kirchen, Gemälde, Skulpturen oder Plastiken. Herrliche Wanderwege garantieren erholsame Bewegung an der frischen Luft.

56 Tipp 185-195: Laufen an der Salzach. Geschichtsträchtiger Ort im Nordosten des Chiemsees, nahe der österreichischen Grenze. Besonders erwähnens- und sehenswert sind unter anderem das Kapuzinerkloster, unbedingt die Stiftskirche, die Laufener Schlossanlage, der Europasteg, das alte und das neue Rathaus, das Kriegerdenkmal, die Stadtmauer und die Fronfeste. Zahlreiche Lokale, Restaurants, Cafés und Biergärten laden zum Verweilen ein.

57 Tipp 196-197: Rottau. Kleiner Urlaubsort südlich des Chiemsees. Erholung im Sommer am Reifinger See. Abwechslung vom Alltag im Reiterhof Raab.

DIE PASSION

Er sank stöhnend auf die Knie. Der dicke Balken auf seinem Rücken wog schwer wie ein Stahlträger. Gleich darauf durchfuhr erneut dieser beißend scharfe Schmerz seinen geschundenen Körper. Wieder und wieder trafen die scharfen Metalldornen der Peitsche seinen Rücken, rissen ihm fingernagelgroße Stücke aus seinem Fleisch, zwangen ihn aufzustehen und weiterzugehen. Immer weiter den kleinen Berg vor ihnen hinauf. Die ehemals weißen Fetzen, die lose an seinem Körper hingen, waren von seinem Blut durchtränkt. Es grenzte an ein Wunder, dass er überhaupt noch bei Besinnung war.

Er fror. Rechts und links des Weges, der quer durch ein einsames Waldstück führte, lag noch Schnee, wie so oft im Frühjahr hier oben in den Bergen. Unten ruhte der Chiemsee friedlich wie eine riesige spiegelblaue Scheibe im gleißenden Sonnenlicht. Ohne Vorwarnung traf der nächste unbarmherzig ausgeführte Peitschenhieb seinen zerschundenen Rücken. Unter unendlichen Qualen taumelte er weiter, schob mit den nackten Zehen vorantastend einen Fuß vor den anderen. Im Geiste zählte er seine Schritte mit, um sich von den rasenden Schmerzen abzulenken. Die Peitsche traf seinen Kopf. Seine Dornenkrone drückte sich daraufhin noch ein Stück tiefer in seine Haut. Das frische Blut, das dabei über sein Gesicht rann, vermischte sich mit den Tränen auf seinen Wangen. Er schrie laut vor Schmerzen auf. Es war Karfreitag, gleich 14 Uhr. Heute vor 33 Jahren hatte ihn seine Mutter geboren.

»Kinder, Kinder. Wenn ihr so weitertrödelt, schaffen wir es niemals pünktlich zum Kaffeetrinken zur Seiseralm 58 hinauf.« Abteilungsleiter Tom Stellbrink aus Uhlenhorst trieb seine Frau Susa und ihre beiden Töchter Jackie und Chantal ungeduldig zur Eile an. Immer war es dasselbe mit seinen *Weibern*, wie er so gerne sagte. Er stand längst frisch gekämmt und angezogen abmarschbereit an der Tür, während die drei Damen noch nicht einmal ihre Jacken übergezogen hatten.

Andererseits war es ohnehin gleich 15 Uhr, frühestens um kurz nach vier wären sie also oben. Fast zu spät für Kaffee und Kuchen. Vielleicht würde er statt Kaffee lieber gleich einen kleinen Karfreitags-Dämmerschoppen in Form eines Bierchens zu sich nehmen, überlegte er. Doch, doch. Absolut. Das klang nach einer guten Idee. Aber verstieß das nicht gegen die strengen Osterregeln der Katholiken hier in Bayern? Egal. Musste der liebe Gott halt mal ein Auge zudrücken.

»Gleich, Tom. Bei uns Frauen dauert es nun einmal etwas länger. Schließlich willst du doch auch stolz auf uns sein, wenn du dich draußen mit uns sehen lässt, stimmt's nicht?«

Das immergleiche Totschlagargument seiner Angetrauten war Tom aus tausenderlei ähnlichen Situationen nur allzu gut bekannt. Genervt aufschnaufend ergab er sich in sein Schicksal und harrte weiter der Dinge, die da kommen würden oder eben auch nicht.

Entgegen seinen pessimistischen Erwartungen stellten sie jedoch bereits um halb vier ihren Wagen in Bernau 59 auf dem Parkplatz ab und machten sich auf den Weg zur Alm.

»Wenn wir durch dieses Waldstück gehen, müssten wir schneller da sein.« Tom zeigte auf den kleinen bewaldeten Hügel vor ihnen.

»Du und deine wilden Routen«, protestierte Susa. »Bisher haben wir uns dabei noch jedes Mal verlaufen.«

»Vertrau mir, Susa. Ich habe mir das vorhin auf der Karte genau angesehen.« Tom setzte den wissenden Blick eines erfahrenen Berg- und Touristenführers auf. »Wenn wir durch diesen Wald gehen, müssten wir eine gute Viertelstunde sparen.«

»Au ja, durch den Wald ist doch viel lustiger.« Chantal machte einen kleinen Freudenhopser gefolgt von einer halben Pirouette.

Ihre kleine Schwester Jackie schrie nur kurz laut, schrill und begeistert auf. Ohne Hopser und Pirouette.

»Na, gut. Wenn ihr meint. Aber nicht, dass wir dort im Dunkeln übernachten müssen.« Susa traute dem Frieden immer noch nicht. Aber hier lange herumzustehen und zu diskutieren führte auch zu nichts. Also trabte sie den anderen, die bereits vorausgeeilt waren, achselzuckend hinterher.

»Schaut mal, da sind sogar Spuren«, vermeldete Tom, der an der Spitze der kleinen Truppe ging, keine zehn Minuten später. »Wir sind also nicht die Einzigen, die diese Abkürzung nehmen. Wusste ich's doch.«

»Aber was soll denn die rote Farbe im Schnee. Oder ist das Blut?« Susa blieb ängstlich stehen.

»Normalerweise markieren die hier die Wege mit roter Farbe«, wusste der erfahrene Berg- und Touristenführer Tom gutgelaunt zu berichten. »Und wenn es Blut ist, macht es auch nichts. Wahrscheinlich hat der Förster ein Wild erledigt und es zur Alm hinaufgetragen.«

»Na gut. Wie du meinst.« Susa eilte ihrem Mann und ihren zwei flinken Töchtern hinterher.

Wenig später erreichten sie den Gipfel des bewaldeten kleinen Hügels, den Tom als Zwischenziel ausgerufen hatte. Tom entdeckte den nackten männlichen Körper vor ihnen als Erster. Er rief seiner Familie zu, sich umzudrehen und auf keinen Fall hinzusehen. Dann holte er mit zitternden Fingern sein Handy aus der Innentasche seines Anoraks und wählte den Notruf der Polizei.

»Das kann nur ein Irrer gewesen sein. Was meinst du?« Hauptkommissar Sepp Bauer drehte sich zu seinem Kollegen bei der Traunsteiner Kripo, Ludwig Bär, um und blickte ihn fragend an.

»Schaut ganz so aus. Ein kranker Sadist.« Ludwig starrte geschockt geradeaus.

Der schlanke Mann vor ihnen stand nackt gegen den mächtigen Stamm einer Rotbuche gelehnt. In Höhe seiner Schultern war ein schwerer Querbalken mit Seilen daran befestigt worden. An dessen Enden hatte jemand seine Hände mit zwei großen Zimmermannsnägeln fixiert. Seine Füße waren ebenfalls mit Nägeln befestigt worden, unten am Stamm der Buche. In seiner Bauchhöhle klaffte ein tiefes ungefähr zehn Zentimeter langes Loch, aus dem ein Teil des Darms heraushing. Auf dem Kopf trug er eine Dornenkrone. Sein gesamter Körper war über und über mit Blut, Striemen und Wunden bedeckt.

»Der Täter hat die Kreuzigung nachgestellt«, brummte Sepp, während er vorsichtig an den Stamm herantrat, um keine Fußspuren zu verwischen. »Karfreitag, du weißt schon.«

»Aber warum?« Ludwig kratzte sich nachdenklich am Hinterkopf.

»Religiöser Fanatismus? Einer, der die Katholiken hasst?«

»Du meinst … der Täter war ein Islamischer?«

»Könnte doch sein. Warum nicht.«

»Die Al Qaida vor der Kampenwand? Geh, so ein Schmarrn.« Ludwig schüttelte ungläubig den Kopf. »Die gehen doch nicht her und kreuzigen Andersgläubige. Noch dazu mitten in unserem schönen Bayern. Wo kämen wir denn da hin?«

»Ins Mittelalter?« Sepp grinste spöttisch.

»Vielleicht war es aber auch bloß ein Wahnsinniger. Von denen laufen schließlich genug herum.«

»Hast recht, Ludwig. Warten wir erst einmal die Ergebnisse der Spurensicherung und der Rechtsmedizin ab. Dann sind wir bestimmt schlauer.« Sepp entfernte sich vom Tatort. Er ging den Hügel ein Stückweit hinunter, um die Familie zu befragen, die den Leichnam gefunden hatte.

»Was ist da vorn passiert?«, fragte ihn ein Mann im Dialekt der Einheimischen auf dem Weg dorthin. Er schien gerade aus dem Tal zu kommen.

»Da hat man jemanden gekreuzigt. Warum interessiert Sie das?«, erwiderte Sepp knapp.

»Weil ich den Gekreuzigten kenne, soweit ich das sehe.«

»Ach wirklich? Was für ein Zufall.« Sepp betrachtete den alten unrasierten Zausel im Trachtenjanker etwas gründlicher.

»Ja. Das ist einer von den Gspinnerten unten.«

»Von den Gspinnerten?«

»Normalerweise kaufen die nichts bei uns. Pflanzen alles selber an. Essen bloß Obst und Gemüse. Von denen hat bestimmt noch nie einer einen Schweinsbraten probiert. Von einer Halben Bier ganz zu schweigen. Die letzten Lumpen tragen sie am Leib. Und ihre Kinder schicken sie auch nicht in unsere Schule. Sie unterrichten sie angeblich selber.«

»Wirklich?« Sepp hob erstaunt die Brauen.

»Logisch. Wenn ich es Ihnen sage«, kam es unwirsch zurück. »Mein Gott, was hat sich unser Herr Pfarrer schon über die aufgeregt.«

»So etwas hast du noch nicht gesehen, Babs. Man hat ihn gekreuzigt und zu Tode gequält. Der reinste Horror.« Sepp schenkte seiner Schwester von dem grünen Veltliner aus der Wachau nach, den er extra für sie besorgt hatte.

Sie saßen beim Abendessen in seiner kleinen Wohnung in Traunstein. Es gab Fisch und Gemüse. Er hatte sie dazu eingeladen. Ansonsten verbrachte sie die Osterfeiertage gerade bei ihren Eltern in Übersee. In München hielt sie es bei dem schönen Frühlingswetter nicht aus. Sie brauchte frische Luft und freien Blick, der Winter war lang genug gewesen.

»Er gehörte zu so einer komischen christlichen Sekte, ein paar Kilometer außerhalb von Bernau«, fuhr Sepp fort.

»Eine Sekte hier bei uns im Chiemgau? Wie heißen die denn?« Babs schaute neugierig von ihrem Rote-Bete-Carpaccio auf.

»Sie nennen sich *Die wahren Christen.*« Sepp trank einen Schluck.

»Und ihr glaubt wirklich, dass der Täter aus dem Umfeld der Al Qaida kommt?«

»Es kann natürlich auch ein ganz normaler deutscher Sadist oder Verrückter sein«, räumte Sepp ein. »Im Moment tappen wir da völlig im Dunkeln.«

»Hat es schon einmal eine solche Kreuzigung in unserer Gegend gegeben?«

»Bis auf die Marterl, die bei uns überall am Wegrand stehen, wüsste ich keine.«

»Warst du schon dort?«

»Wo?«

»Bei den *wahren Christen.*«

»Nein.«

»Morgen zusammen? Die müssen das Opfer doch am besten gekannt haben.« Babs setzte den berühmten Babs-Bauer-Blick auf, fokussiert, neugierig, jagdlustig.

»Na gut. Warum nicht, Miss Marple.«

»Und was gibt es jetzt als Hauptspeise.«

»Wolfsbarsch im Salzmantel, dazu junges Frühlingsgemüse.«

»Genial. Du übertriffst dich wieder mal selbst, Brüderchen.« Babs lächelte hocherfreut. Seit ihr Bruder vor zwei Jahren den Kurs bei diesem Spitzenkoch in Salzburg besucht hatte, war es das reinste Vergnügen, von ihm eingeladen zu werden. Er hatte zwar bereits vorher gut gekocht, aber jetzt kamen seine Gerichte manchmal fast schon an die moderne Sterneküche heran. »Da sieht man mal, dass auch die Fastenzeit ihre guten Seiten haben kann.«

»Und du übertreibst wieder mal, Schwesterherz.« Sepp errötete geschmeichelt.

»Das müsste es sein.« Sepp zeigte auf das große Gebäude neben dem Acker links von ihnen.

Er stellte seinen dunkelblauen Dienstwagen am Straßenrand ab. Dann überquerten er und Babs die Straße und gingen zum Haus hinüber. Über der hellbraunen riesigen Eingangstür hing ein großes halbrundes Schild: ›Sei willkommen bei den wahren Christen‹.

Sepp läutete. Kurz darauf wurde ihnen geöffnet.

»Friede sei mit euch, Fremde.« Ein schmales kleines Männchen mit einer riesigen Lücke im oberen Frontzahnbereich schaute neugierig aus großen hellgrünen

Augen zu ihnen hinauf. Auf seiner Nase tummelten sich ein paar vorwitzige Sommersprossen. Die ungewaschenen aschblonden Haare hingen in fettigen Strähnen von seinem Kopf bis in den zerschlissenen Kragen seines groben grauen Leinenhemdes hinein. Alles an seiner Haltung strahlte inneren Frieden, selbstlose Liebe und Gelassenheit aus. Nur sein unsteter Blick passte nicht so ganz dazu.

»Grüß Gott«, erwiderte Sepp. »Mein Name ist Bauer, Kripo Traunstein. Ich hätte ein paar Fragen an sie. Es geht um Mord. Frau Bauer, eine Beraterin unserer Behörde.« Er deutete auf Babs. »Dürfen wir hereinkommen?«

»Gerne. Ich bin der Bruder Johannes. Ich komme ursprünglich aus Schnaitsee 60.«

»Das ist schön für Sie, Bruder Johannes.« Sepp ging voraus.

Bruder Johannes führte sie in einen karg möblierten großen Raum. Mehrere rustikale Holztische samt den dazugehörigen Stühlen standen darin. Der Fußboden bestand aus breiten Bohlen. Seitlich von ihnen befand sich eine Art schmuckloser Altar. Die kahlen Wände waren mit Kalk geweißt worden.

»Sehr spartanisch eingerichtet«, raunte Sepp seiner Schwester zu.

»Kann man wohl sagen«, erwiderte Babs flüsternd. »Und Angst vor Einbrechern scheinen sie auch zu haben.« Sie zeigte auf die vergitterten kleinen Fenster, durch die nur wenig Tageslicht hereindrang.

»Wollen Sie sich setzen?« Bruder Johannes zeigte auf den großen Tisch, der ihnen am nächsten stand.

»Gerne.«

Sepp und Babs nahmen das Angebot an.

»Darf ich Ihnen Tee bringen?«

»Nein, Danke, Bruder Johannes. Wir sind hier, um Ihnen Fragen zu stellen.« Sepp setzte einen ernsten Blick auf. »Zunächst, wer ist der Chef von dem Ganzen hier?«

»Das ist im Moment Bruder Matthias.«

»Ist der zu sprechen?«

»Ja. Einen Moment, bitte. Ich hole ihn.« Bruder Johannes erhob sich und entfernte sich eiligen Schrittes.

»Eigenartiges Völkchen«, murmelte Sepp.

»Allerdings«, meinte Babs. »Ich komme mir gerade vor, wie bei den Mormonen in Amerika. So muss es bei denen auch aussehen.«

Nachdem sie eine Weile schweigend dagesessen waren, kam Bruder Johannes mit Bruder Matthias zurück, einem kräftigen großen Mann mit dunklem Vollbart und feurigen braunen Augen. Wie sein Begleiter trug er ein grobes graues Leinenhemd zu einer ebenso groben Leinenhose und Ledersandalen.

»Grüß Gott, Herr Kommissar«, rief er zur Begrüßung quer durch den Raum. »Was führt Sie und Ihre Kollegin zu uns?«

»Ein Mord.« Was für ein Riese, dachte Sepp, der braucht keinen Ochsen zum Pflügen.

»Ein Mord? Schrecklich.« Bruder Matthias setzte sich zu ihnen.

Bruder Johannes verdrückte sich währenddessen

möglichst unauffällig. Babs bekam es trotzdem mit. Offenbar hat er Angst vor der Polizei, dachte sie, oder er ist generell übernervös. Merkwürdiger Bursche. Aber was war hier drinnen nicht merkwürdig. Alles zusammen wirkte so irreal, als wären sie auf einmal in einer anderen Welt.

»Vermissen Sie einen Ihrer Brüder, Bruder Matthias?« Sepp hatte das kleine Notizbuch herausgezogen, dass Babs ihm zu Weihnachten geschenkt hatte.

»Nein.« Bruder Matthias Miene blieb ausdruckslos.

»Das ist merkwürdig. Man hat nämlich einen ihrer Leute nicht weit von hier in einem Waldstück gefunden.« Sepp zog erstaunt die Brauen nach oben.

»Aber wir sind alle vollzählig. Es muss sich um jemand anderen handeln.« Bruder Matthias wirkte ruhig und gelassen. Und sehr friedfertig obendrein.

»Dann müsste sich unser Augenzeuge aber gründlich getäuscht haben. Eigentlich machte der Mann einen sehr bodenständigen Eindruck. Und geistig klar war er auch.« Sepp versuchte irgendeine Regung im Gesicht seines Gegenübers zu entdecken. Nichts. Der Bursche hier sagte entweder die Wahrheit oder er war von einem Schauspielertalent beseelt, das alles bisher Dagewesene weit übertraf.

»Wir alle täuschen uns manchmal.« Bruder Matthias lächelte sanft.

»Was ist das hier eigentlich für ein Verein, Bruder Matthias?«

»Wir sind die *wahren Christen.*« Bruder Matthias klang salbungsvoll und selbstbewusst zugleich.

»Das weiß ich. Euer Schild über der Tür ist nicht zu übersehen. Aber was bedeutet das? Wie wird hier gelebt?«

»In Frieden und im Einklang mit der Bibel.«

»Ach wirklich?« Sepp schnaufte genervt auf. Er merkte, dass er so nicht weiterkam.

»Wenn Sie im Einklang mit dem alten Testament leben«, sprang ihm Babs bei, »müssen Sie dann nicht die zehn Gebote befolgen?«

»Ja, das tun wir auch.« Bruder Matthias blickte irritiert zu ihr hinüber.

»Und wie steht es damit, dass man nicht falsches Zeugnis wider seinen Nächsten ablegen soll? Im Klartext: du sollst nicht lügen.«

Babs ließ ihren Blick ruhig auf Bruder Matthias liegen, der nun leicht zu schwitzen begann. Er rutschte unruhig auf seinem Stuhl hin und her.

»Dieses Gebot befolgen wir auch«, erwiderte er. Seine Stimme zitterte dabei ein wenig, klang auch längst nicht mehr so selbstbewusst wie zuvor.

»Gut, dann also noch mal. Gehörte der Tote oben im Wald zu ihrer Gemeinde? Vermissen Sie jemanden?« Sepp lächelte seiner Schwester kurz dankbar zu. Er selbst hätte dem Gespräch niemals diese Wendung geben können, da er alles, was er in der Schule über Religion lernen musste, längst vergessen hatte.

»Nun, wir haben Bruder Bernhard seit zwei Tagen nicht mehr gesehen. Vielleicht mag er der Tote sein. Ich will das aber nicht recht glauben, weil er am Donnerstag nach München aufgebrochen ist, um neues Saatgut zu besorgen.« Bruder Johannes wischte sich mit dem Hemdsärmel die immer größer werdenden Schweißtropfen von der Stirn.

»Dazu fährt er extra nach München? Bekommt man das nicht bei uns hier in der Gegend?« Sepp schüttelte verwundert den Kopf.

»Doch, aber in München kennt man uns nicht. Da macht man uns faire Preise.«

»Hier nicht?«

»Nein. Hier mag man uns nicht. Deshalb ist alles überrieben teuer, was wir kaufen wollen.«

»Ach tatsächlich? So etwas gibt es mitten in Bayern? Klingt mir eher nach wildem Westen.« Sepp schüttelte ungläubig den Kopf.

»So wahr ich hier vor Ihnen sitze.«

»Und warum ist er noch nicht zurück?«

»Ich weiß es nicht. Wir haben uns auch schon darüber gewundert.«

»Hat Bruder Bernhard Familie?«

»Nein, er ist Waise, Geschwister hat er auch keine. Wir sind seine Familie.

»Na gut, Bruder Matthias. Nicht schön für Sie. Trotzdem muss ich Sie bitten, mit uns in die Rechtsmedizin zu kommen. Sie müssten sich den Toten aus dem Wald einmal genau ansehen, damit wir wissen, ob es Ihr Bruder Bernhard ist.«

»Er ist es.« Bruder Matthias schluchzte laut auf. Der Anblick seines Ordensgenossen schien zu viel für ihn gewesen zu sein. Er weinte unablässig weiter.

Der Gerichtsmediziner schob Bruder Bernhards Leiche in seine Kühlbox zurück.

»Bruder Matthias.« Babs legte dem Anführer der *wahren Christen* derweil tröstend die Hand auf die Schulter. Sie ahnte, dass mehr als nur die Trauer über den Verlust seines Kollegen hinter seiner Verzweiflung steckte. »Was ist wirklich passiert? Erzählen Sie.«

Bruder Matthias schüttelte nur stumm den Kopf.

»Na, kommen Sie schon. Danach wird es Ihnen besser gehen.«

»Meinen Sie?« Er blickte hilfesuchend zu ihr hinüber.

»Ganz sicher.« Babs nickte.

Sepp nickte ebenfalls.

»Na gut.« Bruder Matthias atmete seufzend aus. Er lehnte sich erschöpft auf den Rand des Seziertisches, der gleich neben ihnen stand. »Ich war's.«

»Wie bitte?« Sepp richtete sich überrascht auf.

»Ich habe Bruder Bernhard getötet.« Bruder Matthias senkte den Kopf.

»Also hat Bruder Bernhard doch kein Saatgut aus München geholt?«

»Nein.«

»Sie sind stattdessen mit ihm auf den Hügel oberhalb von Bernau gestiegen?«

»Ja.«

»Aber warum haben Sie das getan? Sie sehen nicht aus wie ein Killer.« Sepp runzelte ungläubig die Stirn. Alles Mögliche hätte er gerade erwartet, nur das nicht.

»Er wollte es so. Er war unser Anführer.«

»Er wollte es so? Geh, so ein Schmarrn. Das können Sie sonst wem erzählen, aber nicht mir.« Sepp schüttelte energisch den Zeigefinger.

»Aber es war so. Ich schwöre es auf die Bibel.«

»Ja, aber wie krank muss man denn sein, dass man sich absichtlich auspeitschen und ans Kreuz nageln lässt?« Sepp wollte einfach nicht fassen, was er da gerade gehört hatte. War der Tote etwa ein durchgedrehter Masochist gewesen?

»Der Herr Jesus hat damals dasselbe getan. Für uns alle.« Bruder Matthias schluchzte erneut auf.

»Aber das war Jesus. Der Sohn Gottes. Der wusste, was er tat. Warum ließ euer Bruder Bernhard das mit sich machen?« Babs bemühte sich, nicht so aufgeregt und entnervt wie Sepp zu klingen, obwohl es ihr schwer fiel. Hatten diese Wahnsinnigen etwa wirklich die gesamte Kreuzigung nachgestellt?

»Bruder Bernhard wusste, dass er der neue Jesus war. Er hat mich gezwungen, ihn auf den Berg zu bringen und ihn dort mit einem Lanzenstich zu töten. Ich musste ihm gehorchen. Dafür hat er mir einen Platz an seiner Seite im ewigen Himmelreich versprochen.«

»Ja, spinnt ihr Burschen denn komplett?« Sepp wähnte sich im falschen Film. »Selbst wenn es so gewesen wäre, gehen Sie dafür lebenslänglich in den Knast oder in eine Nervenheilanstalt. Das muss Ihnen doch bewusst gewesen sein, Bruder Matthias.«

»Aber Bruder Bernhard wird wieder auferstehen. Das hat er mir versprochen. Er hat es für uns alle getan.« Bruder Matthias kriegte sich wieder ein. Er richtete sich zu voller Größe auf und blickte mit klaren Augen auf die beiden ungläubigen Schäfchen von der Polizei hinab.

»Bruder Matthias, ich muss Sie wegen Mordverdacht an Bruder Bernhard festnehmen.« Sepp zog ein paar Handschellen heraus und legte sie dem Anführer der *wahren Christen* an.

»Unglaublich. Da bringen sich diese Sektenheinis gegenseitig um.« Sepp schob eine gehäufte Gabel Schmorgemüse in seinen Mund. Einfach göttlich, dachte er währenddessen. Daheim bei Mama schmeckte es halt immer noch am besten. Da konnte man Kochkurse besuchen, so viel man wollte.

»Und dann auch noch auf so grausame Weise.« Seine Mutter Eva schüttelte langsam den Kopf. Sie hatte seiner gruseligen Erzählung mit bibberndem Herzen gelauscht. Schrecklich so etwas. Und dann auch noch hier in der Heimat, so gut wie nebenan.

»Fanatismus war noch nie gut«, stellte sein Vater Herbert fest. »Egal ob religiöser oder anderer. Das zeigt uns die Geschichte.«

»Stimmt«, bestätigte Babs nickend.

»Aber davon lassen wir uns unser schönes Ostermontagsessen nicht verderben, oder?« Eva blickte gewollt fröhlich in die Runde. Sie hatte sich solche Mühe beim Kochen gegeben, da sollte das Ergebnis nun auch entsprechend gewürdigt werden.

Sepps Handy klingelte. Er war der Einzige in der Familie, der Evas Erlaubnis hatte, während des Essens dranzugehen. Es konnte sich schließlich um einen polizeilichen Notfall handeln.

»Alles klar, Ludwig. Danke.« Sepp legte auf.

»Und?« Babs blickte nicht weniger gespannt drein als ihre Eltern.

»Das glaubt ihr nicht.« Sepps Mund blieb eine Weile lang offen stehen.

»Was? Sag schon?« Babs trank einen kleinen Schluck Grünen Veltliner. Ihre Mutter mochte ihn genauso gern wie sie, deshalb hatte sie immer einen anständigen Vorrat davon zuhause.

»Ludwig war dran. Er ist weg.«

»Wer ist weg?«, fragte Babs.

»Der Leichnam. Bruder Bernhards Leiche liegt nicht mehr im Leichenkühlraum.«

»Er ist wirklich weg? Verschwunden?«

»Ja.«

»Unglaublich.« Babs trank gleich noch einen Schluck. Diesmal allerdings einen sehr großen.

FREIZEITTIPPS:

58 Tipp 198: Seiseralm, bewirtschaftet. Beliebtes Ausflugsziel mit herrlichem Blick auf das Chiemgau samt Chiemsee oberhalb Bernau.

59 Tipp 199-204 : Bernau. Kleiner charmanter Luftkurort am Chiemsee. Einen Ausflug wert sind auf alle Fälle die Kendlmühlfilzen, bekannt als das größte zusammenhängende bayrische Hochmoor, die Kampenwand, zahlreiche kleine Kapellen, die Seisersäule und die griechischen Weisen im Park.

60 Tipp 205-206: Schnaitsee. Ursprünglicher kleiner Ort nördlich des Chiemsees, Natur pur, Schnaitseer Seenplatte, Marienkirche.

FRIEDBERT

»Autsch!« Gertraud Bühler, die Witwe des vor einer halben Stunde beerdigten Dr. Friedbert Bühler, stieß einen spitzen Schmerzensschrei aus.

Blasse Gesichter blickten fragend aus schwarzer Trauerkleidung zu ihr hinüber.

»Ach, du lieber Gott! Der ganze Tee auf dem Rock!« Die erschrockene Kellnerin war im ganzen Lokal zu hören.

»Passen Sie doch auf, dummes Pute!« Natascha Bühler, die gleich rechts neben Gertraud saß, hätte am liebsten weiter mit der Bedienung geschimpft. Am allerliebsten in ihrer Heimatsprache, da hätte sie noch so einiges auf Lager gehabt. Aber schließlich war sie mit ihrem Mann zu Gast bei der Beerdigungsfeier für ihren neuen Schwager Friedbert, der im Moment allerdings nicht mehr neu, sondern mausetot war. Also hielt sich die temperamentvolle Russin vornehm zurück.

Professor Erhard Bühler, Nataschas Mann, erfolgreicher Internist und hinterbliebener jüngerer Bruder des Verstorbenen, saß zur Linken der erschrockenen Gertraud. Er schaute nur stumm empört zu der schusseligen Bedienung empor. Von Anfang an hatte er gewusst, dass ein dusteres Lokal mit blanken Holztischen direkt neben dem Friedhof, das auch noch *Zur Letzten Rast* hieß, nicht geeignet schien, einen Stand und Status der Familie angemessenen Leichenschmaus zu sich zu nehmen.

»Bitte entschuldigen Sie vielmals, gnädige Frau. Ich werde das sofort wieder in Ordnung bringe. Würden Sie mir bitte kurz auf die Toilette folgen?« Die aufgeregte Kellnerin wischte konfus mit einer Serviette an Gertrauds nassem Rock herum, während sie ihr aufhalf.

»Halb so wild. Kann passieren. Gott sei Dank war der Tee nicht kochend heiß.« Gertraud, die während der letzten zwei Jahre, getrennt vom dahingeschiedenen Friedbert, in einem von ihm gekauften Apartment in Berchtesgaden gelebt hatte, bekam sich als Erste wieder in den Griff. »Wir sind schließlich alle nur Menschen, nicht wahr? Oder wir waren es.« Schnell wischte sie sich mit der Hand eine kleine Träne aus dem rechten Augenwinkel. Dann folgte sie der vor Schreck immer noch bleichen jungen Frau.

»Ach, der reizende Dr. Bühler. So früh zu sterben. Ein Herzinfarkt mit gerade mal 65 Jahren. Ich glaube, wir werden ihn alle sehr vermissen. Ich vermisse ihn jetzt schon.« Dr. Sandra Steger hatte ebenfalls Tränen in den Augen.

Babs Bauer verzog das Gesicht. Sie stieß ihrem Bruder Sepp leicht den Ellenbogen in die Seite. Ausgerechnet Sandra Steger machte hier auf große Trauer. Dabei hatte sie als ärztliche Konkurrentin zu Lebzeiten niemals auch nur ein einziges gutes Wort an Dr. Bühler und seinen alternativen Behandlungsmethoden gelassen. Das wusste jeder in Traunstein. Schulden hatte sie darüber hinaus auch noch bei ihm gehabt. Das hatte Dr. Bühler Babs gegenüber einmal ganz im Vertrauen selbst erwähnt.

Babs und Sepp waren hergekommen, weil der Tote sie beide bereits im Kindesalter behandelt hatte.

»Der gute Friedbert! Ein wahrer Idealist alter Schule. Und immer fleißig. Immer am Ball!« Professor Erhard Bühler räusperte sich, Rührung in Erinnerung an seinen älteren Bruder demonstrierend.

Schau dir den Heuchler an. Die beiden hatten in den letzten Jahren doch kaum noch Kontakt gehabt, dachte Sepp. Friedbert Bühler hatte ihm das einmal mit traurigem Gesicht erzählt, als Sepp ihn wegen einer Grippe konsultiert hatte.

»Mama, ich bin kurz draußen bei den Gräbern, bis das Essen kommt.« Der kleine Hans Peter Ratgeber erhob sich von seinem Stuhl.

»Natürlich, mein Schatz. Aber zieh dir deine Kapuze über. Es schüttet ja regelrecht. Nicht einmal unsere schönen Berge sieht man heute.« Marianne Ratgeber lächelte ihren Sohn warmherzig an. Ach ja. Im Angesicht des Todes wusste man die eigenen Liebsten erst wieder so richtig zu schätzen.

»Ich sage nur soviel, Hans Peter. Es gibt nachher auch Wiener Schnitzel mit Pommes!« rief Mariannes Mann Werner seinem eilig davon flitzenden Sprössling noch schnell nach.

Die Ratgebers waren mit Professor Erhard Bühler und dessen Frau Natascha befreundet. Gelegentlich gingen sie gemeinsam zum Essen oder auf Empfänge. Dabei hatten sie vor Jahren auch Friedbert kennengelernt, noch vor dessen Dauerstreit mit seinem Bruder. Dass Friedbert Bühler ihnen damals einmal einen Batzen Geld geliehen hatte, wussten sie zwar noch, hatten es aber die meiste Zeit über verdrängt. Und nun war es zu spät zum Zurückzahlen. Leider. Oder besser gesagt, Gott sei Dank. Der kleine Hans Peter kostete einiges, Kleidung, Schulsachen und so weiter.

Sobald Gertraud Bühler mit frisch gereinigtem Rock wieder an ihren Platz zurückgekehrt war, erhob sich Hansi Sauerteig, der ursprünglich aus Taching 61 stammende Sekretär im Kultusministerium in München. Er klopfte mit seinem Messer ein paar Mal vorsichtig, aber vernehmlich gegen sein Weinglas.

»Liebe Gäste, verehrte Trauergemeinde«, hob er an. »Bitte lassen Sie mich ein paar Worte über den Verstorbenen sagen, den wir, und ich denke, da spreche ich für jeden hier im Saal, alle ausnahmslos sehr geschätzt, bewundert und verehrt haben.«

Hansis Frau Camilla stöhnte innerlich auf. Sie kannte die Vorliebe ihres Mannes für endlos lange, langweilige Reden und befürchtete das Schlimmste.

»Der Verstorbene ist bereits ein fröhliches Kind gewesen, wie uns sein Bruder Professor Erhard Bühler berichtet hat. Höflich und strebsam hat er den Kindergarten und die Schule gemeistert und dann im zarten Mannesalter das beste Abitur seines Jahrgangs gemacht. Es ist keine Frage, liebe Anwesende, dass demjenigen, der so intelligent ist, die wirklich großen Aufgaben des Lebens beschieden sind, nämlich eine berufliche Karriere entweder als Wissenschaftler, Jurist oder eben als Arzt.«

»Dieser miese Heuchler. Er hat den Friedbert doch regelmäßig auflaufen lassen, wenn der sein Geld von ihm zurückwollte«, flüsterte Dr. Bertram Wegener, einziger geschäftsführender Gesellschafter und Eigner der Wegener-Soft in Rosenheim seiner Gattin Cornelia ins brilliantenbehangene Ohr.

»Ich habe mich ja, wie die meisten hier wissen, dereinst für die Politik entschieden«, fuhr der Sekretär im Kultusministerium währenddessen fort. »Viel zu tun. Meine Freunde und Bekannten hier im Saal, die selbst große Verantwortung tragen, wissen sicher, wovon ich rede.«

»Klar weiß ich, wovon unser Arschloch vom Dienst redet«, wandte sich Dr. Wegener abermals an seine Gattin. Diesmal zischte er nur noch wütend. »Wenn der Vollidiot damals unsere Software für die landesweiten Schulverwaltungen nicht blockiert hätte, würden wir zwei schon längst gemütlich auf den Bahamas sitzen, Häschen!«

»Psst!« Cornelia konnte das Thema langsam wirklich nicht mehr hören. Seit Jahren lag ihr Bertram damit in den Ohren. Obwohl er genau wusste, dass Hansi Sauerteig damals gar keine andere Wahl gehabt hatte, als sich mit seiner Beurteilung des Programms der Wegener-Soft an seinen Vorgesetzten anzupassen. Sonst wäre Hansi nämlich ganz schnell abgesägt gewesen und das wäre heute erst recht kein Zustand, vor allem für die Wegener-Soft.

»Doch bei allem Erfolg habe ich Friedbert insgeheim immer um seine Arbeit beneidet«, schwadronierte Hansi Sauerteig munter weiter. »Er verfügte über all dieses wunderbare medizinische Wissen. So oft es ging, ließ er mich daran teilhaben, indem er mir meine eigenen Malaisen ausführlich erläuterte.«

Mal ganz abgesehen von der Kohle, mit der er dein lächerliches Politikstudium mitfinanziert hat, du gewissenloser Schnorrer, dachte Bertram Wegener, der sich gerade einfach nicht abregen wollte.

Ungeduldiges Füßescharren, Hüsteln und Räuspern einiger anderer Trauergäste. Hansi Sauerteig schien ihre Geduld bereits jetzt auf eine harte Probe zu stellen.

»Bis er mich dabei fast schon zum diesbezüglichen Experten gemacht hat«, fuhr Hansi fort. »Ich hoffe inständig, meine lieben ärztlichen Freunde, Herr Professor Erhard Bühler und meine zwei Lieblingshausärzte, die Stegers, sind mir nicht böse, dass ich das jetzt und hier an dieser Stelle erwähne.« Er blickte lächelnd in Manfred und Sandra Stegers Richtung. Dann nickte er auch dem Bruder des Verstorbenen kurz zu.

»Ach wo.« Manfred und Sandra, die von Friedbert vor Jahren bei ihrem Hausbau mit 20.000 Euro unterstützt worden waren, winkten großzügig ab.

»Machen Sie weiter, Sauerteig. Fabelhafter Nachruf, ganz famos.« Professor Bühler nickte heftig mit dem Kopf.

»Komm du mir nach Hause, Hansi«, murmelte Camilla Sauerteig leise in sich hinein. »Friedbert Bühler geht dir doch wie sonst was am Arsch vorbei. Du kannst doch immer nur an dich denken. Genau wie das ganze andere Pack hier. Keiner hat sich um Friedbert gekümmert, als er jemanden brauchte. Widerlich.«

Hoffentlich ist diese Schmarrnrede bald vorbei, dachte Babs, während sie ihren Lippenstift nachzog.

»Tja, dann möchte ich Ihnen, liebe Anwesende nun gerne, im steten Gedenken an unseren verehrten Friedbert, ein paar der gefährlichsten und seltensten Krankheiten ans Herz legen. Zunächst wäre da einmal die Herzinsuffizienz.«

»Jetzt ist es aber wieder gut, Hansi!« Der wohlbeleibte Immobilienkönig Charly Schlemmermeier aus Salzburg unterbrach den eifrig fabulierenden Trauerredner mit unwilliger Miene. Friedbert hatte ihm einmal bei einer Lungenentzündung das Leben gerettet und war zum Dank nie dafür von ihm bezahlt worden. »Wir sind hier auf einer Trauerfeier und nicht auf einem Ärztekongress. Es gibt Leute, die müssen irgendwann auch wieder nach Hause.«

»Tut mir leid. Aber da kann ich dir nicht Recht geben, mein lieber Charly. Denn einer Trauerfeier liegt der Tod eines Menschen zugrunde. Und diesem Tod geht nur allzu oft eine lebensbedrohliche Krankheit voraus. Frag doch nur einmal deine liebe Freundin Rebecca, wie es ihr mit ihrem Vater erging. Nicht wahr, Rebecca?«

Rebecca nickte zustimmend. Außer ihr wusste keiner der Anwesenden, dass Friedbert ihren kranken Vater damals bis in den Tod begleitet hatte. Das Behandlungshonorar hatte er ihr und ihrer Mutter erlassen. Hatten sie sich eigentlich jemals dafür bei ihm bedankt? Sie konnte sich im Moment nicht genau daran erinnern.

»Was liegt also näher, als ein paar der größten Risiken für unser aller Gesundheit ein wenig zu beleuchten, wenn ein Heiler von uns gegangen ist?«

»Na gut, Hansi. Aber nicht mehr so lang!« Charly deutete mit einer Kopfbewegung auf die Witwe des Verstorbenen, die gerade zum wiederholten Male kräftig in ihr Taschentuch schnäuzte.

Der Multimillionär und Lebemann Mike Maier, der einträchtig mit seiner 30 Jahre jüngeren Sissi neben Charly und Rebecca saß, schloss sich Charlys Meinung an. »Ja, wirklich, Hansi. Die arme Gertraud! Obwohl es außerordentlich interessant ist, was du uns da erzählst. Wir müssen das bei Gelegenheit unbedingt einmal zu zweit weiter vertiefen. Ja?«

Hansi nickte kurz und gnädig mit einem geschmeichelten Lächeln auf den Lippen in Mikes Richtung. Dann fuhr er fort.

»Gut. Dann lassen Sie mich, liebe Trauergemeinde, nun zum Krebs kommen. Der wahren Geisel der Menschheit. Leider können wir den Krebs auch heute noch nicht besiegen. Manche Krebsarten sind zwar heilbar, aber in der Regel ist der Krebs tödlich. Genau wie sein kleiner Bruder, das Aids. Aber selbst die einheimische Kreuzotter kann uns, wenn es ganz dumm läuft, zur Strecke bringen.«

Babs stöhnte gequält auf. Das war ja nicht mehr auszuhalten, was dieser eitle Fatzke da vorne daherlaberte. Kein Wort über den Verstorbenen. Nur andauernd dieser Schwachsinn über Krankheiten. Konnte dem denn keiner den Mund verbieten? Oder ihn erschießen? Hatte Sepp eigentlich seine Dienstwaffe dabei? Herrgott noch mal, was für eine ekelhafte Heuchlerbande. Man nehme nur mal das mit Mike Maiers Tante Regine Buchner. Friedbert hatte ihr einmal mit einem Luftröhrenschnitt das Leben gerettet. Das war damals durch die gesamte regionale Presse gegangen. Dass Friedbert nie auch nur einen Cent Honorar dafür gesehen hatte, wie Babs einmal von ihrer Mutter erfahren hatte, war dabei aber offenbar wiederum auf einem ganz anderen Blatt gestanden.

»Doch nun lassen Sie mich zum Ende kommen«, ließ Hansi Sauerteig eine halbe Stunde später seine Zuhörer aufhorchen. »Ich wünsche Ihnen Allen, auch im Namen der Hinterbliebenen, einen guten und gesunden Appetit. Essen Sie nicht zu hastig. Ihre Galle, Ihr Magen, Ihr Darm, Ihr Herz, Ihre Nieren und Ihre Leber werden es Ihnen danken.«

Er setzte sich und blickte beifallheischend in die Runde. Doch erst mit dem Auftragen der Vorspeise kam wieder Bewegung in die Trauergäste, die während seines Vortrages zum größten Teil mehr oder weniger tief eingenickt waren.

Beim anschließenden gemeinsamen Essen wurden reichlich Anekdoten über den Verstorbenen sowie über die Todesfälle in der eigenen Verwandtschaft und Bekanntschaft zum Besten gegeben. Und beim Schnaps kam dann sogar noch richtig gute Stimmung auf.

Was den Anwesenden von Seiten der Familie des Verstorbenen die ganze Zeit über wohlweislich verschwiegen wurde, war die Tatsache, dass Friedbert vor seinem Tode sehr verzweifelt gewesen sein musste. Er war bankrott gegangen. Erhard Bühler hatte ihm gegenüber nur gemeint, dass er sich bestimmt auch diesmal ohne ein Darlehen von seinem jüngeren Bruder bald wieder von selbst erholen würde. Er solle halt endlich einmal die Schulden, die alle möglichen Leute bei ihm hatten, eintreiben. Und gegen seine andauernden Depressionen solle er einfach ein paar Tabletten schlucken. Er habe schließlich genug davon im Schrank.

Auch konnte niemand von den Trauergästen, inklusive Hauptkommissar Sepp Bauer, ahnen, welche Unterlagen auf dem Schreibtisch des Chefs der Traunsteiner Rechtsmedizin lagen. Er war gestern früh in den Urlaub gefahren und hatte völlig vergessen, sie weiterzugeben.

Dr. Friedbert Bühler hatte demnach ein offenbar von ihm selbst entwickeltes neuartiges Antigrippemittel im Blut. Allerdings soviel davon, dass er die Dosis auf gar keinen Fall hätte überleben können. Das Mittel hatte erwiesenermaßen seinen tödlichen Herzinfarkt ausgelöst. Ob er es sich selbst injiziert hatte oder ob weitere Personen dabei im Spiel gewesen waren, ließ sich nicht feststellen.

FREIZEITTIPPS:

61 Tipp 207-220: Taching am See. Der Tachinger See ist der wärmste Badesee Oberbayerns. Mögliche Aktivitäten: Wanderungen, Alm- u. Bergtouren, Angeln, Reiten, Bootsverleih, Golfplatz und -schule, Wintersport, Minigolf, Segel- und Surfschule, Trimmpfad, Kneippanlage, Tennisplatz, Beachvolleyball und Fußball.

EHEKRACH MIT FOLGEN

»Wie kann man wegen so was nur streiten.« Die achtzigjährige Martha Hornstetter schüttelte ungläubig den Kopf, während sie den Frühstückstisch abräumte.

»Du siehst ja, dass man es kann.« Ihr zwei Jahre älterer Mann Hubert stierte grantig Löcher in den Küchentisch.

Seit einer geschlagenen Stunde mühte er sich nun schon damit ab, vernünftig mit seiner Frau zu reden und erntete dafür nichts als Unverständnis und Ignoranz. Wie immer. Als ehemaliger Chefbuchhalter, der ein Leben lang peinlich auf Genauigkeit achten musste, ärgerte ihn das gerade wieder einmal ganz besonders. Noch dazu regnete es schon wieder draußen, und das, obwohl der späte Juni doch nun endlich den langersehnten Sommer nach Bischofswiesen bringen sollte. Die Blätter an den Bäumen leuchteten längst in sattem Grün, die Büsche und Wiesen rund umher zeigten sich in voller Blütenpracht. Nur die wärmende Sonne fehlte noch. Sie würde auch seinem Rheuma gut tun. Mit fünfzig hatte es sich zum ersten Mal bei ihm bemerkbar gemacht, und ihn bis heute nicht mehr aus dem schmerzhaften Griff gelassen.

»Jetzt fang nicht schon wieder so an.« Martha leerte die Reste auf ihren Tellern in den Mülleimer.

»Ich fang doch gar nicht schon wieder so an. Ich habe nur gesagt, dass du ja siehst, dass man es kann. Das ist für mich eine ganz einfache Aussage und sonst nichts. Einfach nur neutral dahin gesagt, ohne dass du dich damit schon wieder provoziert fühlen musst.« Hubert trommelte ungeduldig mit den Fingern seiner rechten Hand auf dem Tisch herum. In der Linken hielt er die Zeitung.

»Wieso soll ich mich eigentlich andauernd provoziert fühlen? Das stimmt doch gar nicht. Ich bin ganz ruhig. *Du* lässt dich doch immer gleich provozieren. Damals an der Fleischtheke im Supermarkt, da war es doch ganz genauso.« Martha stellte die Teller in das untere Fach der Spülmaschine. Ihr Ton klang trotz des eifrigen Disputs ruhig und gelassen.

»Was bitte hat denn die Fleischtheke im Supermarkt damit zu tun?« Hubert verdrehte genervt die Augen. Konnte sie nicht ein einziges Mal bei der Sache bleiben? Seit Jahren drehte sie ihm nun schon das Wort im Mund herum, und er wusste immer noch nicht, wie er sich am besten dagegen wehren sollte. »Und wann, bitte, soll das eigentlich gewesen sein? Ich kann mich an etwas in der Art überhaupt nicht erinnern.«

»Letztes Jahr im Herbst, als wir in Salzburg [62] den Braten für unser Essen mit den Hitzbergers kaufen wollten. Da hast du die Fleischfachverkäuferin auf genau dieselbe ironische Art und Weise angeredet, wie mich vorhin. Die wollte uns am Ende schon gar nichts mehr verkaufen.« Martha reckte selbstbewusst und auch ein kleines bisschen selbstgerecht ihr Kinn nach vorne.

»Ach das? Nach unserem Besuch im Mozarthaus? Also, erstens habe ich da doch nur diesen kleinen Witz gemacht: *na, wir haben heute wohl noch nicht ausge-*

schlafen? Was ist denn daran bitte ironisch? Und was kann ich dafür, dass die gnädige Dame gleich so empfindlich war. Dann soll sie halt lieber zu Hause bleiben und Kinder kriegen.«

»Also wirklich, Hubert. Rede doch keinen solchen Unsinn.« Martha schüttelte entrüstet den Kopf.

»Und zweitens war das ganz anders damals«, fuhr Hubert lauter werdend fort. »Das weißt du doch ganz genau. Es ging um die anfangs sehr unfreundliche Art der Frau.«

»Aber sie war doch gar nicht unfreundlich.«

»Doch, war sie. Sie hat uns nicht einmal begrüßt, als wir zu ihr an die Theke kamen. Da musste ich doch irgendwie reagieren. Was hätte ich denn deiner Meinung nach sonst tun sollen? Weinen?« Er reichte ihr mit einer unwirschen Geste die Marmelade, damit sie das kleine Glas zu den anderen Sachen in ihren neuen Kühlschrank räumen konnte.

Martha war als Köchin für die Ordnung im Kühlschrank sowie in den anderen Küchenschränken verantwortlich. Sie hätte da ihr ganz bestimmtes System meinte sie immer, Hubert würde nur alles durcheinander bringen.

»Und wieso musst Du dann heute zu mir ironisch sein?« Sie stellte das Marmeladenglas ganz rechts in das oberste Fach.

»Ich bin doch gar nicht ironisch.«

»Bist du eben schon.«

»Bin ich überhaupt nicht, Martha.« Hubert bekam einen roten Kopf. Herr im Himmel, immerzu musste sie ihm widersprechen. Seitdem sie sich damals das Jawort gegeben hatten, hörte er auf alles nur noch ein Nein oder ein Aber. »Ich habe nur gesagt *du siehst ja, dass man es kann*. Was ist daran denn ironisch? Allenfalls ist es witzig.« Er reichte ihr mit verhaltener Wut das verschmutzte Besteck.

Wenn sie nicht gleich ruhig wäre, würde er seine Jacke anziehen und ins Sportheim rübergehen. Dort konnte man wenigstens in Ruhe seine Zeitung lesen und eine schöne Halbe Bier gab es auch. Daheim herrschte seit seinem letzten Arztbesuch Bierverbot. Dabei waren die Leberwerte gar nicht mal so schlecht gewesen. Für einen gestandenen Bayern in seinem Alter noch adäquat, hatte der Doktor gemeint.

»Es ist die Art, wie du es gesagt hast und wie du dabei schon wieder geguckt hast. Das lässt es ironisch wirken.« Martha, die bis zur Rente als Disponentin in einer Spedition in Traunstein gearbeitet hatte, räumte das Besteck in den grauen Besteckkasten im unteren Fach der Spülmaschine. Sie liebte ihre neue Küche. Endlich war genug Platz für alles. Huberts und ihre Rente zusammen reichten Gott sei Dank für solche gelegentlichen Anschaffungen. Bei Marthas Eltern daheim in Ainring [63] hatte es früher nie etwas Neues gegeben. Ihr Vater hatte alles so gut es ging repariert, wenn es kaputt war. Vom Küchenstuhl bis zur Waschmaschine.

»Aber ich habe es doch ganz normal gesagt.«

»Hast du nicht, Hubert. Sonst hätte ich mich ja gar nicht beschwert.«

»Aber du hast doch mit allem angefangen, indem du gesagt hast, wie man wegen so was nur streiten könne!« Hubert brüllte jetzt nur noch. Marthas gleichmäßiger ruhiger Ton brachte ihn endgültig auf die Palme. Wie kann ein einzelner Mensch nur so rechthaberisch sein?, dachte er. Und ausgerechnet er war auch noch mit diesem Menschen verheiratet. Das war doch nicht gerecht.

»Was soll ich gesagt haben?« Sie wischte mit dem feuchten Spüllappen den verklebten Tisch ab. Sein Tobsuchtsanfall schien sie gar nicht weiter zu beeindrucken.

»Du hast gesagt: *wie kann man wegen so was nur streiten!*«

»Wegen was?«

»Wie, wegen was?!« Jetzt brachen alle Dämme. Hubert kannte keine Zurückhaltung mehr. Er spuckte vor Zorn. »Du weiß doch ganz genau, dass du die Frühstückseier wieder zu hart gekocht hast! Da wird man doch noch eine kleine kritische Bemerkung machen dürfen!«

»Aber sie waren doch gar nicht zu hart.« Martha spülte den Lappen gründlich unter dem Wasserhahn aus.

»Doch! Waren sie! Verdammt noch mal! Sie waren zu hart! Viel zu hart! Steinhart waren sie! Wie immer!« Hubert bekam keine Luft mehr. Sein Gesicht lief immer röter an. Ein starker scharfer Schmerz schoss durch seinen Kopf. Dann wurde es Nacht um ihn herum.

Hauptkommissar Sepp Bauer von der Traunsteiner Kripo betrachtete kopfschüttelnd den leblosen Körper des alten Mannes, der gerade in einem grauen Plastiksarg verstaut wurde, um ihn in die Gerichtsmedizin abzutransportieren.

Als Sepp vorhin gemeinsam mit seiner Schwester Babs hereingekommen war, war der ehemalige Buchhalter noch mit dem Oberkörper quer über dem Küchentisch gelegen. Der Polizeiarzt hatte einen Hirnschlag als Todesursache festgestellt, nichts Besonderes in diesem Alter, wie er meinte.

Die Witwe des Toten, eine Bekannte seiner Mutter, sah so aus, als würde sie im Moment von allem nichts mitbekommen. Sie stand schweigend und verweint neben ihrem Herd. Ihre Hände zitterten. Sie wirkte zerbrechlich und hilflos.

»Wie ist denn das Ganze passiert, Frau Hornstetter?«, erkundigte sich Sepp bei ihr. »Hat ihr Mann sich über irgendetwas besonders aufgeregt? Ihre Nachbarn sagen, sie hätten einen lauten Streit gehört.«

»Nein«, erwiderte sie kopfschüttelnd. »Alles war bestens, wie immer.«

»Kein Streit?«

»Nein. Hubert hörte schlecht. Da musste man immer etwas lauter reden.«

»Aha. Und wann hat Ihr Mann seinen Hirnschlag bekommen?« Er holte sein kleines Notizbuch aus der Innentasche seiner Anzugjacke.

»Vor einer Stunde. Gleich nach dem Frühstück.« Martha setzte sich langsam auf die hellbraune Eckbank, die Hubert letzten Sommer extra nach ihren Wünschen in der Garage für sie gezimmert hatte.

Babs nahm neben ihr Platz und tätschelte ihre Hand.

Sepp, der die Sache mit dem Trösten noch nie besonders gut heraus gehabt hatte, war heilfroh, dass seine einfühlsame Schwester mitgekommen war. Er setzte sie in letzter Zeit so oft wie möglich als Beraterin der Kripo ein. Sie hatte einfach einen hervorragenden Riecher und ihre Tipps zur Lösung seiner Fälle waren teilweise regelrecht genial. Sein Chef hatte die Sache mit ihr neulich auch noch von ganz oben absegnen lassen, mit dem Ergebnis, dass Babs von nun an sogar ein kleines Honorar bekam.

»Und was haben Sie dann gemacht?« Sepp nickte Martha Hornstetter aufmunternd zu.

»Ich habe gleich bei Ihrer Mutter angerufen, Herr Bauer.« In Marthas geröteten Augen standen die Tränen. »Sie hat mir einmal gesagt, dass ich mich bei wichtigen Sachen melden kann. Was tue ich denn jetzt ohne meinen Hubert?« Sie schüttelte langsam den Kopf.

»Eine schlimme Sache, Frau Hornstetter.« Sepp bemühte sich, seinen Ton so einfühlsam wie möglich klingen zu lassen.

»Ja, wirklich schlimm«, schloss Babs sich an.

»Ach Gott! Ach je!« Martha ließ einen langen Seufzer erklingen.

»Wollen Sie uns noch etwas sagen?« Babs siebter Sinn sprang unvermittelt an. Sie spürte intuitiv, dass ihrem Gegenüber eine schwere Last auf der Seele lag.

»Ach, du lieber Gott.« Martha seufzte erneut. Noch etwas tiefer und länger als zuvor.

»Raus damit, Frau Hornstetter. Wir hören Ihnen zu. Was gibt es noch?« Babs ließ nicht locker.

Sepp horchte überrascht auf. Was war denn da los? Gespannt überließ er seiner Schwester das Spielfeld.

»Also, der Hubert …« Martha rang um Fassung.

»Ja?«

»Also, ich war's.«

»Was waren Sie?« Babs lächelte neugierig.

»Ich habe den Hubert umgebracht.«

»Wie bitte?« Sepp meinte sich verhört zu haben.

»Ich habe ihm, als er so dalag, einen Topflappen auf den Mund gehalten.«

»Aber warum denn?« Babs war genauso erstaunt wie ihr Bruder.

»Immerzu hat er nur gemeckert. Die Frühstückseier waren ihm zu hart, die Knödel zu weich, das Fleisch zu zäh, der Salat zu welk, das Fernsehprogramm zu langweilig, das Bett zu kalt. Nichts konnte man ihm recht machen. Und da habe ich, da dachte ich …« Sie brach schluchzend zusammen.

Babs und Sepp warfen sich vielsagende Blicke zu. Diese überraschende Wendung der Dinge hatte keiner von beiden erwartet.

»Frau Hornstetter.« Sepp knöpfte seine Anzugjacke zu. »Ich muss sie leider mitnehmen«, verkündete er in offiziellem Tonfall. »Wegen des Verdachts des Mordes an ihrem Mann Hubert Hornstetter.«

»Muss das wirklich sein?«, zischte Babs. »Der Arzt hat doch einen Hirnschlag festgestellt. Ist sie nicht schon gestraft genug, so fertig wie sie aussieht?«

»Das muss man auf jeden Fall erst einmal gründlich überprüfen«, erwiderte Sepp flüsternd.

»Was?«

»Das mit dem Schlag.«

»Na gut, aber bis dahin kann sie doch hier bleiben. Oder meinst du, sie haut nach Kanada ab?«

»Nein, natürlich nicht.« Sepp zögerte. »Na gut, hast recht. Wir warten das Ergebnis der Rechtsmedizin ab.« Er wandte sich an Martha. »Also gut, Frau Hornstetter. Wir müssen die Sache erst noch eindeutig klären. Sie hören dann wieder von uns.«

»Ich muss nicht ins Gefängnis?« Martha schaute ihn mit großen Augen an.

»Noch nicht. Auf Wiederschauen.« Er nickte ihr knapp zu.

»Auf Wiederschauen, Frau Hornstetter. Ruhen Sie sich erst einmal aus.« Babs gab ihr zum Abschied die Hand. Dann folgte sie ihrem Bruder ins Freie.

»Bis nächsten Monat, Mama.« Babs wuchtete ihren schweren Hartschalenkoffer auf den Rücksitz ihres pinkfarbenen VW Golf. Dann winkte sie ihrer Mutter Eva, die ebenfalls winkend in der Tür stand, zu und stieg ein.

Herrlich war es wieder gewesen hier draußen am Chiemsee. Die bunten Blumen, die weiten Felder, die frische Luft und die herrlichen Berge ringsumher. Erholung pur, gewürzt mit spannenden Kriminalfällen. Doch jetzt freute sie sich auch ein wenig auf die Stadt und den lukrativen Auftrag, den sie von einer renommierten Softwarefirma bekommen hatte. Leicht verdientes Geld. Und München im Sommer war schließlich auch nicht zu verachten. Außerdem würde sie in spätestens drei Wochen sowieso wieder hier bei ihren Eltern sein und bei ihrem Bruder Sepp, dem sportlichen gutaussehenden Hauptkommissar. Der wollte nächste Woche einen langgehegten Traum wahrmachen und sich ein Segelboot anschaffen. Er hatte ihr versprochen, sie gleich an ihrem ersten Tag mit auf den See hinaus zu nehmen.

Sepp hatte außerdem den Leichenbeschauer noch einmal gründlich überprüfen lassen, woran Hubert Hornstetter nun tatsächlich gestorben war. Die eindeutige Diagnose war *tödlicher Schlaganfall* gewesen. Martha Hornstetter war mit ihrem Topflappen also zu spät gekommen und durfte deshalb in Freiheit bleiben. Ob und wie glücklich sie damit wurde, musste sie selbst herausfinden.

Babs trat das Gaspedal durch und fädelte sich auf die Autobahn ein. Dicke Regentropfen prasselten gegen die Windschutzscheibe. Wenn Engel reisen, weint der Himmel, sagte sie sich, während sie den Scheibenwischer einschaltete.

ENDE

FREIZEITTIPPS:

62 Tipp 221-224: Salzburg. Geburtsstadt Mozarts. Unter anderem sehenswert sind die Festung Hohensalzburg, das Mozartgeburtshaus, das Mozart Wohnhaus, Schloss Hellbrunn mit seinen Wasserspielen und vieles mehr.

63 Tipp 225: Ainring: Kleiner Urlaubsort nahe der österreichischen Grenze bei Salzburg. Lohnend: Ainringer Papst-Benedikt-Kreuzweg.

Mehr Informationen und Tipps gibt es bei den jeweiligen Touristinformationen der Städte und Gemeinden rund um das Chiemgau.

DANKSAGUNG

Lieben Dank an Lilli und Patrick
und vor allem an Claudia Senghaas.